现代畜牧业生态化循环发展研究

王晓平　李晓燕　胡　影◎编著

西北农林科技大学出版社

图书在版编目（CIP）数据

现代畜牧业生态化循环发展研究 / 王晓平，李晓燕，胡影编著. — 杨凌：西北农林科技大学出版社，2020.10
ISBN 978-7-5683-0881-6

Ⅰ. ①现… Ⅱ. ①王… ②李… ③胡… Ⅲ. ①畜牧业经济—经济发展—研究—中国 Ⅳ. ①F326.33

中国版本图书馆 CIP 数据核字 (2020) 第 207642 号

现代畜牧业生态化循环发展研究
王晓平　李晓燕　胡　影　**编著**

出版发行　西北农林科技大学出版社
地　　址　陕西杨凌杨武路 3 号　　　　邮　编：712100
电　　话　总编室：029-87093195　　　发行部：029-87093302
电子邮箱　press0809@163.com
印　　刷　天津雅泽印刷有限公司
版　　次　2021 年 2 月第 1 版
印　　次　2021 年 2 月第 1 次印刷
开　　本　787mm×1092mm　1/16
印　　张　10.5
字　　数　192 千字

ISBN 978-7-5683-0881-6

定价：52.00 元

前　言

生态畜牧业是指运用生态系统的生态位原理、食物链原理、物质循环再生原理和物质共生原理，采用系统工程方法，并吸收现代科学技术成就，以发展畜牧业为主，农、林、草、牧、副、渔因地制宜，合理搭配，以实现生态、经济、社会效益统一的畜牧业产业体系，是畜牧业的高级阶段。

我国是畜牧业大国，畜牧业作为农业的支柱产业，近年来得到迅猛发展，但随着畜牧业的规模化、集约化发展，畜禽养殖业带来的环境污染、生态破坏和畜禽产品质量下降等问题越来越突出，严重制约了畜牧业的可持续发展。为此，本书在借鉴国内外先进经验基础上，有针对性地提出了畜牧业发展面临的威胁，因地制宜地提出了构建适合畜牧业可持续发展的生态化循环发展对策。

本书在编写过程中参阅了国内外大量的著作、论文和权威网站的资料，借鉴了众多专家、学者的科研成果，在此一并表示衷心感谢！由于时间仓促，本书在创作过程中难免存在疏漏之处，敬请各位读者指正。

编　者

2020 年 6 月

目　录

第一章 现代畜牧业

第一节 现代畜牧业的概念、特点及发展方向

一、现代畜牧业的概念

现代畜牧业作为一个历史性的概念，包括两方面含义。

第一是指现代畜牧业是现代农业的重要组成部分。它是在畜牧业生产力发展到一定历史阶段才出现的，就是说它是在现代科学和现代工业技术应用于畜牧业之后才出现的；二是指现代畜牧业不是静止的，而是在不断发展变化的，随着科学技术的进步和生产力的发展，其内容和标准将会发生一定的变化。随着时间的推移和社会的进步，现代畜牧业的内涵也会不断地扩大。

现代畜牧业是在传统畜牧业基础上发展起来的，是现代畜牧兽医科学技术和装备及经营理念武装，基础设施完善，营销体系健全，管理科学，资源节约，环境友好，质量安全，高产高效的产业。

农业部领导对现代畜牧业有这样的描述：现代畜牧业是高产、优质、高效、生态、安全的畜牧业；现代畜牧业是专业化、规模化、集约化程度高，可控性强的畜牧业；现代畜牧业是技术密集，工程化程度高，科技含量高的畜牧业；现代畜牧业是实行饲料、养殖、加工、销售一体化经营的完整产业体系，商品化程度高，产品竞争力强的畜牧业。

二、现代畜牧业的特点

现代畜牧业以布局区域化、管理科学化、养殖规模化、品种良种化、生产标准化、经营产业化、商品市场化、服务社会化为特征，主要特点有：

（一）从生产到销售是一条龙

这为现代畜牧业生产提供了可靠的保障。

（二）高投入高回报

前期的场地建设、购入的大量优质饲草料、现代化设备及良种等虽然要投入大量的资金，但回报的是高效益。

（三）运用了现代管理技术

主要是现代管理模式及现代信息技术的应用，如全自动给料、饮水系统，电子耳标，疫病预警系统等。

（四）引入了循环经济和绿色经济概念

如利用畜禽粪便进行沼气发电、用沼气做饭等，生产绿色能源，变废为宝，既降低了污染，又产生一定的经济效益。

三、现代畜牧业的发展方向

以生态学、生态经济学、系统学、可持续发展理论为指导，以畜牧生态系统为研究对象，应用现代生物技术、信息技术、生物化学和生理学的研究方法与手段，开展集约化条件下的畜牧业生产体系中经济与生态良性循环以及对环境的影响研究，全面而又系统地进行畜牧业生产活动，使畜牧业生产向着高产、优质、高效和稳定的方向协调发展。

第二节 国内外现代畜牧业的发展模式

一、国外现代畜牧业的发展模式

现代畜牧业建设是一个系统工程，它涉及畜牧业基础设施更新、生产组织方式转变、经营主体素质提升、管理方式改进等多个方面，以及政府、畜牧企业、农牧民等多个主体层次，受资源、资本、劳动力和技术等因素的影响。由于自然经济条件差异较大，世界各国在畜牧业现代化过程中逐步形成了不同的发展模式和道路。

（一）现代草地畜牧业

主要是指以天然草地为基础，围栏放牧为主，资源、生产和生态协调发展的畜牧业类型。在这种发展模式中，草地是基本的生产资料，饲草是畜牧业发展的主要投入要素，草地资源相对丰富是现代草地畜牧业发展的关键因素，其典型代表主要有澳大利亚和新西兰。

实行现代草地畜牧业的国家和地区，大都草地资源丰富、自然环境优越，澳大利亚和新西兰就素有“草地畜牧业王国”之称。澳大利亚国土面积 770 多万平方千米，其中宜牧（农）草地就占国土面积的 60% 以上，其四周环海，气候温和，是牛、羊等草地畜牧业发展的天然区域。新西兰由南北两岛构成，土地面积 26 万平方千米，其中草地面积 14 万平方千米，包括改良草场 9.4 万平方千米，天然草地 4.6 万平方千米，以亚热带气候为主，降雨量为 500~2400 毫米，降雨量受地形地貌影响很大，是牛、羊等草地畜牧业发展的天然区域。澳、新两国充分利用当地丰富的草地资源，大力发展现代草地畜牧业，使当地畜牧业逐步进入了规范化、低成本、高效益发展的现代化轨道。

（二）大规模工厂化畜牧业

主要是指以规模化、机械化、设备化为主要特征，精饲料、资本和技术密集投入的高投入、高产出、高效益畜牧业类型。典型代表以美国为主。地域广阔，土地资源丰富，劳动力资源紧缺和资金技术实力雄厚是发展大规模工厂化畜牧业的基本条件。土地资源丰富及劳动力资源紧缺共同构成了规模化、机械化和设备化大生产的充分和必要条件，规模化、机械化和设备化大生产为丰富的土地资源提供了高效的土地产出率，有效提高了稀缺劳动力资源的劳动生产率，同时也大大提高了资金和技术的使用效益。以美国为例，土地资源丰富、劳动力资源紧缺是其基本国情，同时又具有雄厚的资金和技术实力，畜牧养殖场规模呈现越来越大的趋势。美国每个奶牛农场的养殖规模都达到 100 头以上，生猪养殖场年出栏 2000 头以上，养鸡场平均饲养只数已超过 100 万只。在养牛方面，从拌料、投料、挤奶、牛舍冲洗等几乎全部机械化；在养猪方面，从种猪、仔猪、饲料、育肥到销售各个环节，机械化和设备化水平也都很高；养鸡方面机械化和设备化程度就更高了。目前，美国畜牧业正向智能化、信息化的方向不断发展。

（三）适度规模经营畜牧业

主要是指规模适度、农牧结合、环境友好的畜牧产业模式，其典型代表主要有荷兰、德国和法国等畜牧业发达国家。这些国家地形以平原为主，气候为温带海洋性气候，比较适合畜牧业发展。这些国家草地资源虽然比较丰富，但与澳大利亚、新西兰等国家相比仍显得比较贫乏；耕地资源相对丰富，但与美国相比，规模仍然偏小；同时也受到劳动力资源的限制。因此，受其自身土地、劳动力等资源因素的影响，大部分欧洲国家畜牧业没有走类似澳大利亚、新西兰以发展草地畜牧业为主的道路，也没有走类似美国的大规模工厂化畜牧业为主的道路，而走了一条适度规模经营、种植业与畜牧业相结合、环境友好的道路。在荷兰，大部分畜牧业农场的饲养规模，奶牛主要以 50~100 头为主，生猪以 700 头为主，蛋鸡以 3000 只为主。为了防止由于规模化养殖带来的畜禽粪便污染，政府规定畜禽粪便送到大田或草地，施入土壤中。对于过剩粪肥，政府制定了粪肥运输补贴计划和脱水加工成颗粒状肥料，有的加入部分特殊原料，成为专用性很强的肥料。

（四）集约化经营畜牧业

主要是指针对土地资源稀缺，以资金和技术集约为主要特征的畜牧业发展类型，日本、韩国及我国台湾地区的畜牧业就是最为典型的案例。这些国家或地区的共同特点是，人多地少，经济和科技水平较高，畜牧业资源相对贫乏，畜牧业发展受自然资源约束比较明显，畜牧业发展主要以家庭农场饲养为主，发展适度规模，进行集约化经营。以日本为例，随着经济的快速发展，其畜牧业也逐步走向规模化集约经营。具体表现是从事畜牧业的农户数逐年减少，经营规模适度扩大。如在北海道，奶牛户由 1.46 万户下降到 1.10 万户，肉牛户由 4630 户下降到 3920 户，养猪户由 1590 户下降到 730 户，养羊户由 820 户下降到 310 户。而每户的饲养规模却相应扩大，奶牛由 59.6 头增加到 80.8 头，肉牛由 72.1 头增加到 105.2 头，猪由 395.8 头增加到 745 头，肉用绵羊由 17 头增加到 27 头。畜牧业发展的资金和技术集约度不断提高。

二、国外现代畜牧业建设的主要做法

（一）大力推进规模化、工厂化饲养

大力推进规模化、工厂化饲养，是国外现代化畜牧业建设最主要也是最直接的做法。国外畜牧业比较发达的国家都十分注重推进畜牧养殖的规模化和工厂化，以此来加速传统畜牧业向现代畜牧业的转变。以美国为例，在政府的极力推进下，美国畜牧业养殖规模和养殖方式在很短的时间就发生了很大变化。1984 年，全美有 43 万个猪场，到 1996 年已减至不足 20 万个。1000 头以上的规模化猪场生产的生猪从 20 世纪 80 年代占美国市场的 34% 增至 20 世纪 90 年代的 65%。美国三家最大的肉鸡公司已能生产美国 42% 的肉鸡。在饲养方式上，从 1960 年起，美国畜牧品种的饲养就已经由传统的放牧形式开始转向大型工厂化集中饲养。幼牛进入肉牛生产工厂后，经过 18 个月的集中饲养就可投放市场。

（二）对生产者实行补贴制度

采取对畜牧业生产者进行直接补贴的政策，已经成为国外发达国家建设现代畜牧业的通常做法。为了调动生产者从事畜牧业生产的积极性，保护和促进本国畜牧产业的发展，许多国家都逐步建立起了对生产者实行补贴的制度，以不同方式向生产者提供补贴。例如，澳大利亚政府对畜牧业的保护主要是畜产品补贴，采用直接价格补贴和间接价格补贴两种形式。由于直接价格补贴易受到国际社会的指责，因此，澳政府对畜产品直接价格补贴率较低，一般为 2%~6%，而间接价格补贴则较高，一般为 4%~30%。后者可通过向消费者征税（如 2000 年 7 月 1 日实施的 GST，即消费税），建立产业基金来补贴出口商，这样就大大增加了澳大利亚畜产品的国际竞争力。欧盟国家也对畜牧业采取了直接补贴政策，对畜牧业的支持主要集中在奶牛、肉牛上。丹麦对每头奶牛或小母牛补贴 200 欧元，对肉牛补贴 150~300 欧元，肉牛屠宰补贴 50~80 欧元，其他动物屠宰补贴为 39 欧元。这些补贴政策都大大推动了这些国家畜牧业现代化的进程。

（三）高度重视畜牧科技推广

畜牧业发展的动力有市场的拉动，也有政策的引导，但关键是科技的推动。高度重视畜牧科技的扩散与推广工作是发达国家加强畜牧产业发展的核心环节和主要经验。他们通过逐步建立起相对完善的科研推广体系，向畜牧业从业者提供实用的技术和信息，提高畜牧业从业者畜产品的生产力和竞争力。科研机构和推广部门有机结合，相互配合，形成了“农业知识产生—扩散网络”，通过这个网络，农业科学研究的最新知识和技术成果能够迅速地传播推广。

（四）充分发挥生产者组织的作用

在发展现代畜牧业过程中，发达国家十分注重发挥生产者组织的作用。实践证明，这些生产者组织在促进畜牧业产业化经营方面发挥着重要的作用。荷兰的农民合作组织体系十分发达和完备，主要可分为两类：一是各种各样为农场服务的合作社，主要包括信用合作社、供应合作社、农产品加工合作社、销售合作社、服务合作社等，目的是为了加强生产者的市场力量，减少市场风险，增强产品竞争力；二是“法定产业组织”，可分为“行业协会”和“商品协会”，目的是通过联合各分散的农场主，提高他们的政治和社会地位。行业协会是在一个产业链中以专门环节相连结的横向组织，包括活跃在该部门的所有公司；而商品协会是纵向组织，包括特定生产链中的所有公司，从原材料供应商到最终产品零售商都包括在该链条之中。完整的合作组织体系在维护生产者权益，引导生产方向、组织产品加工销售的过程中发挥着巨大的作用。日本畜牧业协会发达，仅九州地区就有多达 50 个以上的与畜牧业生产相关的协会，如畜产会、家畜登记协会、家畜改良协会、养猪（牛、鸡等）协会、兽医协会、生乳检查协会，各种奶酪协会、畜产价格安定协会等等。

（五）强化产品质量安全和环境保护

在发展现代畜牧业的过程中，发达国家都十分重视畜产品质量安全和环境保护。为了保证畜产品质量安全，一些国家对畜产品质量安全管理与控制都制定有一套各具特色的管理系统。美国通过健全畜产品质量安全法律、法规、标准体系，对畜产品生产、加工、贮运、销售过程进行全程控制。其通过建立畜产品质量安全管理组织机构体系，强化生产源头控制和进出口检验检疫等，从而建立起了有效的畜产品安全综合管理机制。欧盟则通过完善质量控制管理机构，实施严格而统一的质量安全标准，建立食品信息的可追踪系统等，逐步起到了以统一标准为中心的畜产品质量安全配套管理体系。在环境保护方面，为了保护环境，实现畜牧业生产与环境保护的协调，这些国家都相继出台了一系列法律法规，通过法制手段来规范生产经营者行为，以保证畜牧业的可持续发展。

（六）关注动物福利

关注动物福利是国外诸多发达国家发展现代畜牧产业的重要特征。所谓动物福利就是使动物在无任何痛苦、无任何疾病、无行为异常、无心理紧张压抑的安适、康乐状态下生活和生长发育，保证动物享有免受饥渴，免受环境不适，免受痛苦、伤害，免受惊吓和恐惧，能够表现绝大多数正常行为的自由。英国早在 1822 年就通过法律条文的形式来保护动物免受虐待，并在 20 世纪 20 年代初陆续通过了《动物保护法》《野生动物保护法》《实验动物保护法》等一系列法律来保护动物的利益。欧盟及美国等发达国家在 80 年代也分别进行了动物福利方面的立法。甚至不少经济欠发达国家如印度、泰国、尼泊尔等国也进行了保护动物福利的立法。到目前为止，已经有 100 多个国家建立了完善的动物福利法规，从饲养、运输、屠杀、加工等过程中善待动物。在国际贸易中，也有越来越多的发达国家要求供货方必须能提供畜禽或水产品的饲养、运输、宰杀过程中没有受到虐待的证明。

三、我国现代畜牧业发展的主要模式

我国各地畜牧业生产条件和发展水平有很大差异，现代畜牧业发展模式和实现形式也必须根据不同地域采取不同的形式。

（一）农区现代畜牧业建设模式

农区是我国重要的商品粮生产基地，农作物副产品及秸秆资源非常丰富，为发展畜牧业提高了丰富的饲料资源，饲养畜禽种类繁多且数量巨大，是我国现代畜牧业建设的主体。由于我国农区面积很大，不同饲养方式并存，中、东、西部地区间畜牧业发展极不平衡，各地现代畜牧业建设模式也有所区别。

1. 东部“外向型”现代化畜牧业

东部地区地理位置优越，畜牧业生产组织化、规模化、标准化程度比较高，一直是我国主要的畜产品出口基地，但劳动力和土地资源相对紧张，饲料资源相对缺乏，应大力发展外向型畜牧业，充分利用地区优势，努力提高畜产品质量，扩大出口规模，率先在全国实现畜牧业现代化。

大力发展外向型畜牧业，一要继续加快无规定动物疫病区建设，完善无规定疫病区管理规定及技术规范，尽快完成对无规定疫病示范区国家评估，争取国际认证，引导和带动其他有条件的东部地区按照标准建立无规定疫病区。二要加强对兽药、饲料添加剂等投入品的管理，尽快完善畜产品兽药及有害化学物质残留检测方法，建立与国际标准接轨的畜产品生产标准体系，加大标准的推广应用力度，提高生产者的质量标准意识和应用能力。三要大力推行畜产品全程质量控制生产模式，积极建立质量可追溯制度，提高畜产品质量，大幅度提高无公害、绿色和有机畜产品认证率，饲料生产、畜产品加工和畜禽水产养殖企业要尽快通过HACCP、ISO等质量管理体系认证，并积极开展饲料作物种植生产过程的GAP认证。四要充分发挥龙头企业、农民合作组织与行业协会的作用，提高组织化水平和政府、企业、生产者及行业协会之间的协调能力，政府职能部门要通过积极为出口企业提供信息和咨询等相关服务，建立畜产品出口“绿色通道”。

2. 中部“农牧有机结合型”现代畜牧业

中部地区是我国粮食的主产区，同时还有大量的草山和草坡，饲料资源比较丰富，是我国重要的畜产品生产和加工基地，是满足国内畜产品需求的主力军，但在转变畜牧业生产方式和提高产业化发展水平等方面还亟待提高，应大力发展“农牧有机结合型”畜牧业，充分发挥资源禀赋优势，逐步实现畜牧业现代化。发展“农牧有机结合型”现代畜牧业，一要充分利用丰富的农作物秸秆和饲草资源，积极推动从以生猪饲养为主的耗粮型传统畜牧业向猪、禽、牛、羊并重的节粮型畜牧业的转变，同时大力发展以秸秆养畜、畜禽粪便资源化利用为核心的循环经济，推动农民生活和畜牧业生产方式的转变。二要结合社会主义新农村建设，加大对散养农户养殖设施的改造以及饲养小区和大型规模化养殖场的污染治理力度，重点散养农户的改圈、改厕工作。大力扶持和规范养殖小区发展，妥善处理畜禽粪便和污水，积极发展沼气，净化养殖环境。三是重点抓好农户散养中疫病防疫问题，强化基层动物防疫基础设施和队伍建设，大力提高基层兽医从业人员的专业能力和水平，加强重大动物疫病的强制免疫和定期检测工作，提高免疫密度，降低畜禽死亡率。四是针对我国中部农区畜禽养殖以农户分散为主体的实际情况，大力扶持农民合作经济组织，推广“龙头企业+农户”等产业化模式，充分发挥龙头企业的带动作用，提高畜牧业生产的组织化、产业化水平。

3. 西部“特色型”现代畜牧业

西部农区地域辽阔，资源丰富，但畜牧业发展相对落后，随着我国西部大开发战略的实施，畜牧业发展环境得到很大改善，特色畜牧业发展态势逐步显现。

西部农区“特色型”现代畜牧发展，一要积极利用地区资源，充分发挥地区优势，加快畜种改良，实施舍饲圈养和集中育肥，大力发展奶牛、肉牛和肉羊养殖。二要加强优质牧草育种，尽快筛选适宜大面积推广的优良品种，满足生产需求；充分利用丰富的自然条件，开展人工种植优质牧草；推广“公司＋合作组织＋农户”等产业化经营模式，探索草业产业化发展模式，满足畜牧业发展对饲料资源的需求。三要积极开展西部特色畜产品的无公害、有机、绿色认证，同时借鉴国际先进管理经验，建立特色畜产品原产地保护制度，保证质量和特色，提高附加值。四要积极开展倡导特色畜产品的生产基地建设，抓好基地标准化示范和技术推广，以标准化推动优质化、规模化、产业化、市场化。

（二）城郊现代畜牧业建设模式

城郊畜牧业指在城市郊区和大型工矿区周围地区，主要满足城市和工矿区居民对肉、蛋、奶等畜产品需要而发展起来的畜牧业，城郊畜牧业生产条件较优越，饲料来源广且丰富，劳动力充足，科学技术力量雄厚，以肉、禽、蛋、乳等商品性生产为主，集约化、专门化经营程度比较高，商品量大，商品率高，但饲料和人力成本较高，随着城市郊区的开发，城郊畜牧业提出较高的环保要求，土地成本和环保费用大幅提高，所以应稳步推进优质鲜活畜产品生产的现代化，大力发展资本技术密集型的畜牧业，同时结合城市化推进，积极发展景观畜牧业。

1. 优质鲜活型现代畜牧业

发展优质鲜活型城郊现代畜牧业，主要是为了充分满足城市居民日益增长的对某些鲜活畜产品需求的一种高投入、高产出、高效益环保型畜牧业。发展优质鲜活型城郊现代畜牧业，一要根据城市功能分区和城市居民对鲜活畜产品的需求，制定严格的畜产品区域布局规划，突出发展节粮型优质高产奶业的发展，适度发展猪禽牛羊养殖，尽量满足城市居民对于肉类、禽蛋、鲜奶等畜产品的需求。二要大力发展绿色和有机畜产品生产，加强饲养管理和疫病监测，加强屠宰管理和冷链体系建设，确保为城市居民提供丰富的优质安全畜产品。三要大力加强养殖场环境治理工作，实行畜禽粪污的无害化处理。

2. 高科技现代畜牧业

各城市郊区要充分发挥城市资金和科技的优势，积极发展畜禽良种繁育、新型兽药、饲料添加剂和畜牧生产加工设备，对全国现代畜牧业发展起支撑、引领作用。

3. 都市型现代畜牧业

发展都市型畜牧业，主要是为城市居民提供休闲旅游的场所，为中小学生提供教育基地，满足城市居民的精神文化需要。发展都市畜牧业，一要突出特色，明确都市型畜牧业在都市农业中的功能定位和发展方向；二要因地制宜，充分发挥各地的自然资源良好、文化独特、特色畜牧业发达等优势，与城市化进程相结合，开展各具特色的景观观光旅游；三要以丰富的畜牧业科研、教育和技术推广资源为依托，积极展示国内外优质畜禽品种和现代畜牧业科技。

（三）牧区现代畜牧业建设模式

我国牧区多为海拔 1000~5000 米之间的高原和山地，一般冬春枯草期长，夏秋青草期短，冬春牧草缺乏，造成牲畜冬瘦春死亡，严重影响牧业的稳定发展，草场产草量和载畜能力也存在着地区差异，且丰年和歉年变化很大，同时我国牧区多地处偏远，经济文化发展落后，交通运输、水电等基础设施薄弱，畜牧业产业化发展也受到极大限制。由于牧民超载过牧和环境恶化，草原“三化”日益严重，而我国牧区的地理位置非常重要，多处于大江大河的源头，如果继续恶化，将影响我国的生态安全，为此各地必须大力发展生态型草原，适度发展经营型草地畜牧业。

1. 生态型草原畜牧业

对于草地生态环境严重恶化的牧区，其草地畜牧业必须要尽快从由经济功能型向生态功能型转变。所谓生态型畜牧业主要是指生态效益优先型畜牧业，其主要特点是以加强草原保护和合理使用草原为目标，以实施以草定畜、舍饲圈养等手段，以追求生态效益为主、经济效益为辅的畜牧业。建设生态型草地畜牧业，一要树立草原生态效益优先意识，加大退牧还草等生态工程建设，积极探索生态效益补偿机制，大力提高牧民从草原生态保护和建设中所获收入的份额；二要积极落实草原保护制度、草畜平衡制度和禁休牧制度，实施减畜、以草定畜制度；三要实施品种选育和良种引进繁育，推广舍饲半舍饲养殖，减少家畜饲养年限，加快出栏；四是对居住在海拔高、环境恶劣的草原牧民要实施生态移民工程，对定居点要合理规划，健全社会化服务体系，解除牧民的后顾之忧。

2. 经营型草原畜牧业

在草原保护和建设有一定基础，草地资源比较丰富，生态环境相对较好的地区，则要适度发展经营型草原畜牧业。经营型草原畜牧业是指龙头企业以畜产品加工产业链为纽带，向牧民提供资金、技术和营销等服务，进而带动草地畜牧业生产，尽快实现由粗放经营向集约经营转变，由数量型牧业向质量效益型牧业转变的一种发展模式。

发展经营型草原畜牧业，一要加强草原基础设施建设，大力发展饲草料基地、草场围栏封育、家畜越冬棚圈建设；二要大力发展高效舍饲畜牧业，建立无公害畜产品生产基地；三要大力发展以农畜产品精深加工为重点的龙头企业，带动草原畜牧业组织化、产业化发展；四要加快建立肉食、皮毛、畜禽等系列加工体系，搞好畜产品的延伸加工，全方位推进产业化发展。

第三节　宣传普及现代畜牧业高效科学养殖技术的意义

近些年来，我国畜牧业取得了巨大成就，已经从家庭副业发展为农业和农村经济的支柱产业，成为农民增收致富的重要渠道。我国畜牧业在保障市场有效供给、增加农民收入、带动相关产业发展等方面发挥着重要作用。因此，需要加快转变畜牧业增长方式，快速推动现代畜牧业建设的进程。那么，宣传普及现代畜牧业高效科学养殖技术具有重要的现实意义。

一、我国畜牧业发展现状

近十多年来，我国畜牧业生产继续呈现稳步、健康发展的态势，主要畜产品持续增长，生产结构进一步优化，畜牧业继续由数量型向质量效益型转变，畜牧业产值占农业生产总产值的比重已经超过50%，畜牧业已经成为我国农业和农村经济中最有活力的增长点和最主要的支柱产业。畜牧业产业收入已经成为农民家庭经营收入的重要来源。

以下是联合国粮农组织2009年公布的我国畜牧养殖产业统计资料：生猪存栏5.23亿头，占世界存栏总数的50.9%，居世界第一位；绵羊2.19亿只，占世界存栏总数的18.72%，居世界第一位；山羊2.46亿只，占世界存栏总数的25.14%，居世界第一位；牛1.89亿头，占世界存栏总数的9.2%，居世界第三位。肉类总产量达10845万吨，禽蛋（不含鸡蛋）843.6万吨，鸡蛋3578.6万吨，奶类3785万吨，其中肉类产量占世界总产量的30%，禽蛋产量占80%，鸡蛋产量占40%，奶类产量占5%。截至目前，我国人均肉类占有量已经超过了世界的平均水平，禽蛋占有量达到发达国家平均水平，而奶类人均占有量仅为世界平均水平的8%。从以上数据可以看出我国畜牧业在改革开放的三十年间取得了飞速的发展。

二、我国畜牧养殖业发展中存在的问题

（一）农村养殖户缺乏技术指导

长期以来中国农村生产模式还是以传统的农业生产为主，小规模生产、自然经济仍占据一定的主导地位。在养殖业方面则体现为以散养为主，处于家庭生产的副业地位。这种散养模式与科学化、规模化、集约化生产的现代养殖业相比相距甚远。散户养殖生产设施、生产技术等的生产条件相对落后，尤其在思想意识方面不能适应现代化养殖业的需要。大部分散养殖户仍旧把农业养殖当作家庭收入的一个补充形式，加之这些养殖户文化水平相对较低，接受现代化的专业养殖技能比较困难，科学养殖相关知识普及率还不高，这也成为在农村大规模发展养殖业的一个瓶颈。

（二）环境污染严重

畜牧养殖业所产生的大量粪便如果处理不好，则会对当地环境直接造成污染和破坏。目前，无论是大规模的现代化养殖场还是小规模的家庭散户养殖，对畜禽的粪便处理还缺乏相应的环保措施和废物处理系统，粪便未经无害处理直接大量堆放于露天或直接排入河流，对家畜和环境造成污染，同时这些大量放置的粪便也导致了一些人畜疫病的发生。现有的解决方法一般为水冲式和沼气利用。采用水冲式清粪则要产生大量的处理污水，这些污水如能经过分离后排入农田的话可以达到利用效果，如直接或间接排入河道，对地表水会造成严重污染。另外，畜禽粪便发酵后产生大量的二氧化碳、氨气、硫化氢等有害气体，如果直接排放到大气中，则会造成空气污染，危害人类健康。但若将其收集利用加工成沼气的话，将变害为宝，实现再利用。

（三）饲料资源短缺

长期以来，我国畜牧养殖业的发展主要依靠粮食生产。虽然我国粮食总产量有一定程度增长，但增幅不大。同时我国人口也在增长，加之畜牧养殖用地因各种原因逐年减少、我国粮食产量相对下降的现实，畜牧养殖业的发展实际上已经受到粮食不能足量供给因素的制约。畜牧业飞速发展导致饲料用粮大幅上升，人畜争粮的矛盾日益突出，这种饲粮短缺的情况严重制约了畜牧业的可持续发展。

（四）畜产品药物残留量依然居高不下

随着抗生素、化学合成药物和饲料添加剂等在畜牧业中的广泛应用，在实现降低动物死亡率、缩短动物饲养周期、促进动物产品产量增长目标的同时，由于操作和使用不当以及少数养殖户在利益驱使下违规违法使用，造成畜产品中的兽药及一些重金属、抗生素等危害人体健康的物质残留增加，“三

致（致畸、致癌、致突变）”现象时有发生，使畜产品的安全问题引起社会的广泛关注。

（五）科学养殖技术成果转化与推广力度不足

我国传统的畜牧养殖技术已经跟不上现代化的畜牧养殖要求，虽然我国在畜牧养殖方面的科技研究工作一直很受重视，研究成果也不少，但这些科技成果的转化率不高，科技成果转化推广机构和科研单位的有效联系与合作还不够密切，存在严重脱节现象，一些地方政府对科研成果的转化工作没有足够的认识和重视，推广经费有一定缺口，许多“安全、高产、优质、高效”的现代畜牧业生产技术的利用只停留在口头上，没有得到有效利用。此外，我国从事畜牧业生产的人员素质普遍偏低，使畜牧业养殖技术推广困难，阻碍了畜牧业可持续发展的进程，亟待对他们进行培训以提高其业务能力和水平。

三、推进我国畜牧养殖业快速健康发展的对策

（一）加强对养殖户养殖技术的认识和传授工作

科学技术是第一生产力。在各地散养殖户占相当大比重的前提下，提高养殖户的养殖技术水平非常重要。一定要脚踏实地地学好、用好养殖技术知识。养殖实用技术的普及应从两个方面进行努力，一方面是政府主管部门要重视养殖技术的推广和普及工作，有计划地组织各种不同层面的养殖实用技术传授，举办各种培训和学习班。另一方面要转变养殖户的观念，只有转变养殖户传统的养殖观念，学习专业的养殖知识和技能，才能实现整个畜牧养殖业的科学化、规模化、集约化的产业结构转变。

（二）大力推进规模化养殖

根据各地畜牧业的发展状况，建设规范化的养殖小区或养殖场，政府部门制定畜牧业发展的扶持政策并认真执行，推进标准化规模养殖场的建设，支持规模和生态养殖模式发展。加快优势畜产品的区域布局，着重利用各地的有利畜养资源，发展有竞争力的畜产品品牌。实现产量规模化、效益化并具有市场竞争力。

（三）推进养殖业科学化、标准化生产

提高畜产品的质量水平，就需要建立健全我国农副产品安全质量标准体系，搞好各类标准化示范养殖区和标准化养殖基地的建设，从源头上实现养殖生产水平的提高，使产品与国际市场接轨，具有竞争力。在原材料采购、生产设备、产品加工、检测等各个环节入手，建立一套科学严密的食品安全保障体系，这也是实现畜牧业持续、快速、健康发展的重要基础。实践证明，无论农产品还是畜产品，只要质量优、有品牌优势，就会提高市场竞争力。

（四）加强良种体系建设

制定并推进牲畜群体遗传和畜牧品种改良计划，充分利用我国畜禽繁育项目的科研成果，重点扶持规模大、运行良好的种畜禽场的建设和改造，造就一批龙头企业，加快繁育推广优良品种；加快生产性能测定站、种站等基础设施建设；规范种畜禽场审批；建立健全种畜禽管理数据库，开展优良种畜登记工作；加强畜禽遗传资源保护与开发利用，尽快发布省级畜禽资源保护名录，严格畜禽遗传资源进出口审批。同时，应加大畜禽良种的保护工作。

（五）加强科学管理

大规模的养殖企业需要科学规范的管理，我国农业企业管理水平参差不齐。畜牧养殖生产需要科学严谨规范的方法和态度，现代化的养殖企业首先要树立科学管理的理念，建立起一整套规范有效的科学管理、标准化生产经营和疫病防控管理体系，是推进现代畜牧业规模化健康养殖的关键所在。通过建立现代企业管理机制，实现现代化的畜禽养殖。因此，要实现现代畜牧养殖业安全、高效、优质、高产的发展目标，既要提高现代畜牧业的科技水平，扩大生产规模，又不影响国家粮食安全，就要以政策为导向，以科学技术保驾护航。这就要加大对现代畜牧业高效养殖技术及成果的培训、宣传力度，使现代科学管理方法、理念及技术深入人心，很好地应用到畜牧养殖业生产实践中，达到提高养殖业生产水平和效益、促进养殖业可持续健康发展之目的。

第二章 生态移民与生态畜牧业产业化发展（以新疆为例）

第一节 生态畜牧业及其产业化的含义以及与生态移民的关系

一、生态畜牧业及其产业化的含义

生态畜牧业是将畜牧业自身的发展和生态经济有机结合起来，利用生态学、经济学系统工程和清洁生产的思想、理论、方法进行畜牧业生产的过程，在实现资源高效转化、持续利用和环境保护的同时，生产优质畜产品。其主要特点是以加强草地保护和合理使用草地为目标，以实施以草定畜、扩大饲草料基地建设、农区舍饲圈养等手段，实现生态效益和经济效益协调发展。生态畜牧业既是目前畜牧业发展的最高层次，也是畜牧业实现可持续发展的最佳方式。其产业化发展则是在完成畜牧产品的初级生产后，通过龙头企业、畜牧业合作组织等生产经营组织的拉动，建立生态畜产品加工体系，延伸畜产品加工产业链，实现畜牧业组织化、市场化的发展过程。

由于畜牧业生产条件和发展水平的差异，根据畜牧区域自然地理条件和经济发展状况，目前我国有关生态畜牧业发展的模式主要以下四种：

一是农区生态畜牧业发展模式。农区是我国重要的商品粮生产基地，农作物副产品及秸秆资源非常丰富，为发展畜牧业提供了丰富的饲料资源，饲养畜禽种类繁多且数量巨大。其生态畜牧业发展的主要内容是：按照标准建设无规定动物疫病区，完善无规定疫病区管理规定及技术规范；建立与国际标准接轨的畜产品生产标准体系，生产无公害、绿色和有机畜产品。

二是牧区生态畜牧业发展模式。我国牧区多为海拔 1000~5000 米之间的高原和山地，一般冬春枯草期长，夏秋青草期短，冬春牧草缺乏，容易造成牲畜冬瘦春死亡，严重影响牧业的稳定发展，草场产草量和载畜能力也存在着地区差异，且丰年和歉年变化很大。同时，我国牧区多地处偏远，经济文化置后，交通运输、水电等基础设施薄弱，畜牧业产业化发展也受到极大限制。由于牧民超载过牧，草原“三化”日益严重，而牧区的地理位置往往又非常重要，多处于大江大河的源头，如果继续恶化，将影响我国的生态安全。因此，对于草地生态环境严重恶化的牧区，其草地畜牧业必须要尽快从由经济功能型向生态功能型转变，以加强草地保护和合理使用草地为目标，实施以草定畜、舍饲圈养等手段，以追求生态效益为主、经济效益为辅。其生态畜牧业发展的主要内容是：加大退牧还草等生态工程建设，落实草原保护制度、草畜平衡制度和禁、休牧制度，实施减畜、以草定畜制度，对居住在海拔高、环境恶劣的草原牧民要实施生态移民工程；实施品种选育和良种引进繁育，推广舍饲半舍饲养殖，生产无公害、绿色和有机畜产品。

三是农牧有机结合生态畜牧业发展模式。中部地区是我国主要的粮食主产区，同时还有大量的草山和草坡，饲料资源比较丰富，属于农牧结合的畜牧业发展模式。其生态畜牧业发展的主要内容是：由耗粮型传统畜牧业转变为节粮型畜牧业，生产无公害、绿色和有机畜产品；发展以秸秆养畜、畜禽粪便资源化利用为核心的循环经济，实现农民生活和畜牧业生产方式的转变。

四是城郊生态畜牧业发展模式。城郊畜牧业主要是在城市郊区和大型工矿区周围，以满足城市和工矿区居民对肉、蛋、奶等畜产品需要而发展起来的畜牧业。城郊畜牧业生产条件较优越，饲料来源广且丰富，劳动力充足，科学技术力量雄厚，以肉、禽、蛋、乳等商品性生产为主，集约化、专门化经营程度比较高，商品量大，商品率高。其生态畜牧业发展的主要内容是：发展高投入、高产出、高效益环保型畜牧业，突出发展节粮型优质高产奶业；发展绿色和有机畜产品生产；加强养殖场环境治理工作，实行畜禽粪污的无害化处理。

二、生态移民是实现新疆生态畜牧业发展的重要内容

生态移民主要是指把那些居住在生态环境严重破坏地区、不能正常生活、靠常规方法无法达到扶贫目的的贫困户移到移民小区，发展高产高效产业，并对原地区进行围封治理，从而恢复生态环境的一种人口迁移形式。牧民定居则是生态移民在牧区进行移民的主要形式。通过牧民定居，一方面促进草原畜牧业现代化进程，提高畜牧生产的抗灾能力，恢复草原生态环境；另一方面，促使牧民的生产和生活方式发生根本性的变化，由粗放经营向集约经营方式转变，由单一经营向多种经营方式转变，提高牧民的经

济收入。

新疆牧草天然地占全国草场总面积的20%，仅次于内蒙古，居全国第二位，其中可利用天然草地面积48 006.84千公顷，占农林牧用地总面积55266.7千公顷的86.86%。草地面积超过6700千公顷的有阿勒泰地区和巴音郭楞蒙古自治州，超过3800千公顷的有塔城地区、昌吉回族自治州、哈密地区、阿克苏地区，不足670千公顷的有乌鲁木齐、克拉玛依市和吐鲁番地区。天然草地年总产可食鲜草5474.36万吨，是1985年人工草地年鲜草产量170.1万吨的31.2倍，是农副产品饲草资源685.8万吨的7倍。天然草地担负着全疆70%的牲畜饲养量和畜产品产量。

这些山区草场和平原荒漠草场构成的绿色资源不仅是新疆畜牧业发展的基础，也是维系当地生态系统的重要组成部分。近20年来，在“靠天养畜”的传统畜牧业生产模式没有得到根本改变的情况下，新疆加快畜牧业发展，农、牧区牲畜数量迅速增加，使得天然草地不可避免地出现“超载过牧”现象。在伊犁、塔城等地的天然草场，原先风吹草低见牛羊的景象从20世纪80年代初开始就已难得一见。由于草畜矛盾突出，在许多草场，牲畜吃了草叶啃草根，使大片天然草场资源遭到严重破坏。超载过牧加上水资源的不合理利用，新疆山区和荒漠草地的生态状况不断恶化，特别是春秋牧场和荒漠草场大面积“三化”（退化、沙化、盐碱化）问题极为突出，致使草地生产力和环境维护能力严重衰退，成为水土流失加剧、沙尘暴频发的重要原因。同时，由于超载过牧，加之季节性干旱，新疆牧区生态环境严重恶化，畜牧业生产水平受到严重影响，牛羊在野外的觅食条件越来越差，羊群吃光草叶后饥饿难耐只好啃吃草根，可食用的草吃完了，饥饿的牛就去啃食平时很少吃的乌头，这种草偶尔吃一下可以祛除牛肚子里的寄生虫，吃得太多就会中毒而丧命，牛羊误食毒害草死亡事件由此不断发生。据新疆维吾尔自治区畜牧厅统计，新疆草原毒害草、不能食用的草危害面积已达1.08亿亩，占全疆可利用草场面积的七分之一，涉及伊犁、塔城、阿勒泰、哈密、博乐、巴州等15个地州（市）70多个县市。因此，目前新疆生态畜牧业发展中亟待解决的是牧区生态畜牧业的发展，而对居住在超载过牧区域的草原牧民实施生态移民，实现牧民定居，也成为牧区继退牧还草工程之后的一项重要举措，是实现新疆生态畜牧业发展的重要内容。

第二节 新疆生态畜牧业产业化发展的现状

一、退牧还草、生态移民已成为新疆牧区生态畜牧业发展的重点项目

尽管水资源的不合理利用和季节性干旱等原因是导致牧区草场沙化、退化的因素，但是主要原因仍然是超载过牧。因此，退牧还草、生态移民成为近年来新疆草地畜牧业逐渐由单一的经济功能型向生态功能型转变的主要措施。国家和自治区于 2003 年开始在北疆地区启动了一项以恢复天然草原植被为目的的“退牧还草”工程。至今，全区共投入工程款和钱粮补助款 20 多亿元，建设草地围栏 8777 万亩，实现草原禁牧 2529 万亩，休牧 5578 万亩，划区轮牧 670 万亩，补播改良草原 1160 万亩，新建水利设施配套的人工饲草料地 154.6 万亩。据农业部监测，全区退牧还草工程区天然草地植被平均覆盖度提高了 5 个百分点以上，平均地上生物量提高了 10%~20%。

从阿尔泰山到天山之间的广阔草原通过围栏建设，实施禁牧、休牧、划区轮牧，其生产能力和生态功能得到了显著恢复和加强。退牧还草工程也给新疆广大牧民带来了可观的经济效益。阿勒泰地区富蕴县许多牧民每年户均可领到上万元的退牧还草饲料粮补助金。“十一五”期间，新疆在天山南北实施两亿亩草场退牧还草，并新建 2000 万亩人工草料地，对 1000 万亩天然割草场实施保护改良，以置换退牧还草工程而减少的用于发展畜牧业的天然草原资源。

从 20 世纪 80 年代开始，就有牧民陆续从牧区搬迁下山定居，但大规模的有组织的牧民搬迁定居是从 21 世纪开始的。新疆牧民人数约 100 万人，根据牧民转移工程计划，“十一五”期间有 60 多万名牧民进入其他产业，使草场资源向剩余牧民手中转移，从而实现牧民持续增收和草原保护的双赢。在牧民转移的同时，新疆还将实施牧民定居和人工草地建设等工程，提出“十一五”期间全面完成牧民定居任务，在牧区新建优质草场和饲草料基地各 1000 万亩，并在农区新建 1000 万亩饲草料基地，使新疆天然草原能够休养生息。

从 2005 年开始的阜康市天池生态移民，已有 562 户河谷牧民搬迁到新定居点西台子、五圪垯和市区定居。该市先后投入资金 1.6 亿元，完成了定居点水电路、文化室、卫生院、幼儿园等配套基础设施建设。投资 1200 万元在西台子建成 1 万亩人工喷灌草场，2008 年完成西台子一期 5000 亩草场的更新补种，搬迁至西台子的牧民人均分得 5 亩草场。由于草场管护得力加之当年雨

水多，草的长势良好，为144户定居至西台子牧民家的牲畜过冬储备了充足的饲草料。

阿勒泰福海县委、县政府针对草原畜牧业仍然沿袭靠天养畜，牧民生活、生产方式单一，人口和牲畜的数量不断增加，资源人均占有量持续下降，草场日趋严重退化等现状，积极出台各种优惠政策，自2004年开始实施生态移民工程。福海县通过实施高标准定居工程，已累计对382户乌伦古河河谷牧民实施了生态搬迁，不仅减少了人为活动对河谷生态环境的影响，而且大大改善了搬迁农牧民的生产生活条件。

二、品种选育和良种引进繁育工作为生态畜牧业的发展奠定了良好基础

发展生态畜牧业，抓好畜种改良，既是前提，也是基础。近年来，新疆进一步加强畜禽良种繁育基础设施建设，构建与现代畜牧业生产相适应的育种、扩繁、推广一体化生产供应体系；加大地方畜禽品种保护和开发力度，培育一批有市场前景的畜禽新品种、新品系，推进畜禽良种产业化。在畜种改良中，一方面，新疆充分发挥当地畜种资源丰富的优势，科学分布改良区域，加大自繁自育优良畜种的能力；另一方面，积极引进优良畜种，合理布局冷配服务点，对一些受牲畜流动影响大、冷配工作开展难度大的农牧区结合部冷配点和牧区流动冷配点进行优化组合，确保冷配效果。近年来，伊犁哈萨克自治州围绕“牧业大州”建设，先后建立了七个良种畜繁育基地，配种站已覆盖到了村级，黄牛冻精冷配得到全面普及。博尔塔拉蒙古自治州在畜牧业发展中大力推广优质冻精和优良种公牛，鼓励采用优质冻精和牧区购进种公牛进行黄牛改良。全州共开设冷配点79处，其中农区75处，牧区临时冷配点4处。实行冷配员“分片服务，跨区竞争；随叫随到，收入归己；建档立卡，跟踪管理，重奖优秀”的工作制度。2007年大力推广优质冻精和优良种公牛，购买牛冻精53600粒，牧区引进种公牛60头，每县20头。为了促进黄牛改良工作，州畜牧兽医局于2007年8月10日在精河县大河沿子镇呼合哈夏北村、博乐市青得里乡阿里翁拜新村、温泉县塔秀乡奎屯布拉格村和温泉县安格里格乡托里村召开了全州黄牛改良现场观摩会，通过现场会的召开，推动了黄牛改良尤其是冷配工作的开展。在绵羊改良中，2007年共引进超细型细毛美利努种公羊147只、肉用德国美利努羊108只、白绒种公山羊139只及2500粒冻精，制定了种公畜管理办法，与购畜户签订了种畜管理利用合同，加强种公畜管理。

巴音郭楞蒙古自治州则坚持“自繁自育为主、异地引进为辅”的工作方

针，科学分布改良区域，充分发挥巴音布鲁克草原畜牧业培养优良畜种的优势，逐渐建立以牦牛、白牦牛、巴音布鲁克黑头羊、绒山羊和焉耆马的五大畜禽良种的繁育和推广体系。

三、畜牧业无公害、绿色、有机产品认证工作已起步

巴音郭楞蒙古自治州和静县、和硕县抓住“山”字特色，重点发展了伴野血牦牛、巴音布鲁克羊、骆驼等天然、绿色草食畜禽产品。全州绿色肉食品产品已达 12 个，无公害畜产品生产基地 4 个。至今，已认证 43 万只无公害巴音布鲁克羊，4 万头无公害伴野血牦牛。吐鲁番地区 2006 年起进行了畜产品无公害项目的实施，2007 年 3 月被正式确定为新疆唯一无公害畜产品生产试点区，下设 6 个无公害畜产品生产示范基地。博尔塔拉蒙古自治州温泉县博格达尔镇饲养牦牛已有 30 多年历史，现有冬夏草场 22.5 万亩，绝大多数为高山草场，非常适合牦牛生长。近年来，该镇以“公司 + 农户”的形式大力发展牦牛产业，于 2005 年注册了“阿尔祥”牌牦牛肉，将牦牛肉按不同部位分割后包装，投放市场，深受消费者欢迎。2006 年通过自治区无公害畜产品认证，2008 年中绿华夏有机食品认证中心审定，该镇牦牛符合《中华人民共和国国家标准（有机产品）》中有机畜禽养殖的要求，决定颁发有机食品《证书》。塔城地区和布克赛尔县有机畜产品基地认证工作于 2007 年拉开帷幕，县政府与东三牧场分别签订了《畜产品有机化生产质量保证合同书》，进一步明确了责任，规范了生产条件、保证了产品质量。其中伊克乌图布拉格牧场与各村队干部签订了相应责任书，并督促村队干部走村入户，开展有机畜产品基地认证前的准备工作。

四、龙头企业为新疆生态畜牧业产业化发展提供了较为坚实的产业支撑

目前新疆有金牛、维维、麦趣尔、呼图壁种牛场股份有限公司，天山、天康、泰昆、西部牧业等一批起点高、规模大的奶类、肉类、饲料龙头企业不断崛起，华凌、长河、巴口香、卡森等一批有实力的企业开始涉足畜牧业及畜产品加工业，有力地推动了畜牧业产业化发展。“十五”末期，全区乳品年加工能力达到 80 万吨以上，比“九五”末期增长 1.6 倍；饲料年生产能力达 210 万吨，配合饲料产量达 127 万吨，比 2000 年增长 34%。依靠龙头企业打造出了近 10 个地方名优产品，这些产品已开始打入内地市场。据自治区畜牧厅的统计，全区乳制品加工企业已达 52 家，年加工鲜奶能力达到 173.4 万吨。新疆本地乳制品加工企业也在国内大企业的拉动下迅速提

升企业竞争能力，在产销市场上争得一席之地。新疆肉品加工企业也已达到55家，年分割加工牛羊能力120万头（只），生猪10万头。仅新疆香巴拉食品有限公司就已形成年屠宰加工肉牛5万头、肉羊50万只，牛羊肉生鲜分割制品24 000吨、牛肉罐头3900吨、牛羊肉方便制品2100吨的生产能力。广大农牧民是畜产品深加工能力提升的受益者。畜产品加工企业的进驻，大大带动了自治区畜产品生产基地的建设。牧业生产方式也在悄然变化之中，传统的家庭分散经营已开始向规模化、标准化养殖转变。畜产品深加工能力的快速提升，使自治区活畜及畜产品出疆量大幅增加。2007年，全区销往内地活牛近万头、活羊5万只、生猪8万多口、肉类3.1万吨、奶粉1.5万吨、干酪素679吨、皮张230万张，销售收入达到15.69亿元；向中亚、西亚国家出口肉类740吨、禽蛋1007吨、干酪素1159吨、肠衣2140桶，实现销售收入1.45亿元。

第三节 新疆生态畜牧业产业化发展中存在的主要困难与问题

一、生态畜牧业发展水平较低，农区、城郊生态畜牧业发展缓慢

生态畜牧业的发展不仅要求畜产品本身的无公害、绿色、有机化，而且要求将畜牧业本身的发展与生态环境的恢复、保护统一起来。在生态环境方面，牧区生态畜牧业的发展首先要求具有草原生态效益优先意识，农区、城郊生态畜牧业则是要求实现畜禽粪污无害化处理的环保型畜牧业。目前在新疆生态畜牧业的发展中，草原生态效益优先意识初步确立，通过生态移民、牧民定居恢复和保护草原生态环境取得了一定的成效，而对农区、城郊畜牧业发展中的环保问题重视明显不足。同时，对无公害、绿色、有机畜产品的生产起步晚，认识也不足，主要限于由牧区自然环境和条件自然生产的畜产品，如出产于巴音郭楞蒙古自治州的无公害巴音布鲁克羊，主要是由于羊群生活在海拔2500米以上的高寒天然草场，抗寒、抗病能力强而形成的。而在农区、城郊通过科学养殖主动培育无公害、绿色、有机畜产品的较少。这使农区、城郊畜牧业养殖水平相对较高，技术服务体系比较完善，生产相对容易形成规模，靠近市场，有利于资金投放和技术指导的优势未得到充分发挥，农区、城郊生态畜牧业发展缓慢。

二、牧民定居水平不高，存在移民回流、再次过度开垦等问题的威胁

一方面，定居后的牧民虽然分得了一定的土地用于耕种或种植牧草，但是多数定居户围栏草场和饲草料基地配套不全，抵御自然灾害的能力较差。定居之初的牧民由于缺乏放牧之外的其他生产技能，还需保留一部分从山上同时迁移下山的羊群，此时饲草基地的建设就尤为重要。而目前在饲草基地建设中，各地进展情况不同，主要取决于基地建设资金情况，取决于当地政府的财政经济状况。如阜康市天池生态移民中由当地政府投资 1200 万元在西台子建成 1 万亩人工喷灌草场，为搬迁牧民养畜准备饲草料。而地方财政较为困难的和静县，在巴音布鲁克生态移民过程中，饲草基地建设资金就无法有效落实。目前，该县定居牧民饲草基地主要靠扶贫农场和定居牧民建设，县畜牧局只能在国家拨付的退牧还草经费中挤出很少一部分资金进行饲草基地建设，由于经费非常有限，也只完成了基地的水渠、围栏建设，还无法给定居牧民提供饲草。另一方面，原有的草场实行退牧还草，牧民失去了放牧、养殖、农副产品采摘等基本生活来源，生活支出急剧增加。目前主要依靠国家给予的退牧还草补助维持生计，等到退牧还草政策有效期结束后，移民的长远生计缺乏保障，移民搬迁后的后续产业发展问题突出。与此同时，原先在草原上分散经营畜牧业的牧民们被转移定居后，必然会进行再度开垦，再度开垦可能会形成新一轮开垦高潮，引发过度开垦问题，导致迁入地水资源的短缺和生态环境的恶化。

三、畜牧业科技含量相对较低，规模养殖和科学养畜水平低下

生态畜牧业的发展需要以畜牧科技水平的发展为保障，无论是畜种的培育，还是养殖过程中科学的喂养方法、防疫处理等都需要相应的科技支撑。近年来，虽然新疆畜牧科技水平有了较大的提高，但与生态畜牧业的发展需要还有一定的差距。例如，在引进优良品种、改良繁育方面，还存在着“重引、轻管”的现象，一些地方对引进优质畜种不能做到良种良法，而是采用粗放的饲养方式，圈舍条件差，科学饲养跟不上；牧区牧业机械严重短缺，人工种草，很多地方从播种到收割等环节全靠手工操作，畜牧业粗放管理和长草长味现象普遍存在。

四、市场开拓不足，不利于新疆生态畜牧业产业化发展

产业化发展要求实现畜产品生产与市场销售的有效对接。但是，目前新疆畜产品销售市场开拓明显不足。主要原因在于：一方面有实力的大型龙头企业比较缺乏。尽管目前各地都在积极引进或培育畜产品龙头企业，拉动当地

畜产品加工产业链的延伸，但是目前引进和培育的企业绝大多数规模相对较小，企业自身的实力制约了其市场开拓的能力。另一方面，由于大型优质畜产品基地建设相对滞后，在一定程度上也制约了企业的发展和大型企业的引进。例如，新疆乳品加工企业经过几年的建设、改造、发展，无论是基础设施建设还是加工设备工艺，均达到了国内先进水平。但由于远离内地乳制品消费的大市场，乳品加工企业销售市场开拓能力弱。乳品加工企业设计能力与实际加工量相差巨大，许多企业设备利用率仅为35%。特别是液态奶加工产品单一，产品同质化严重，缺乏应有的市场竞争力。同时，在引导牛奶消费方面，宣传不到位，工作力度不够，疆外的国内市场和国际市场几乎没有开拓，仅有加工附加值低的工业奶粉销往内地。市场潜力需求大的奶酪、配方奶粉、乳清粉、乳清饮料等新型乳制品及工业用的干酪素等附加值较高的乳制品生产尚属空白或刚刚起步。

五、企业与农牧民之间的利益矛盾较为突出

生态畜牧业产业化发展需要企业与农牧民之间形成有效的利益联结机制，但是目前该机制尚未形成，企业与农牧民之间的利益矛盾较为突出。例如，在牛奶收购中企业和奶农之间的矛盾突出，相互埋怨。由于目前各地都没有统一的牛奶收购质量标准，普遍存在生鲜奶收购定等定级由企业说了算，缺乏第三方有效的公正监督。有些企业擅自提高生鲜奶收购标准，或压级压价损害奶农利益；有的地方个别农民在奶源紧张时期，受利益驱使存在生鲜奶中掺杂使假现象，降低了原料奶质量，甚至影响产品的质量安全。双方矛盾的存在，很有可能导致恶性循环，不利于新疆畜牧业产业化的良性发展。

第四节 促进新疆生态畜牧业产业化发展的相关对策建议

一、树立生态畜牧业理念，加大对农区、城郊生态畜牧业的宣传和推广

随着社会经济的发展，人们的生活逐渐进入追求生活质量阶段，对无公害、有机、绿色产品的需求日益增加，对高质量生活环境的需求推动生态环境保护的理念随之逐渐增强，生态畜牧业成为目前实现畜牧业可持续发展的最佳方式。因此，必须树立生态畜牧业的发展不仅要求畜牧业提供的畜产品本身应该是绿色食品，而且要求畜产品在生产过程中不应对环境造成破坏或

污染的理念；树立生态畜牧业产品不仅包括由牧区自然环境和条件自然生产出的绿色畜产品，而且包括在农区、城郊通过科学养殖主动培育出无公害、绿色、有机畜产品的理念。针对新疆目前农区、城郊生态畜牧业发展缓慢的情况，应通过政府规划、示范引导的方式加大农区、城郊生态畜牧业的发展。

城郊畜牧业生产条件较优越，饲料来源广且丰富，劳动力充足，科学技术力量相对雄厚，集约化、专门化经营程度比较高，商品量大，商品率高。但是，随着城市郊区的开发，对城郊畜牧业提出了更高的环保要求，土地成本和环保费用大幅提高。因此，在城郊生态畜牧业的发展中，一要根据城市功能分区和城市居民对鲜活畜产品的需求，制定严格的畜产品区域布局规划，突出发展节粮型优质高产奶业，适度发展牛羊猪禽养殖，尽量满足城市居民对于肉类、禽蛋、鲜奶等畜产品的需求；二要大力发展绿色和有机畜产品生产，加强饲养管理和疫病监测，加强屠宰管理和冷链体系建设，确保为城市居民提供丰富的优质安全畜产品；三要大力加强养殖场环境治理工作，实行畜禽粪污的无害化处理；四要因地制宜，充分发挥各地的自然资源良好、文化独特、特色畜牧业发达等优势，与城市化进程相结合，开展各具特色的景观观光旅游。

农区生态畜牧业的发展有着种养结合，抵御自然灾害能力相对较强的优势。但是，农区人口密度相对牧区要大，对养殖中的直接环保要求也较高。因此，在农区生态畜牧业的发展中，一要积极发展养殖业循环经济，大力发展户用沼气，对养殖小区和规模养殖场也要配套建设沼气池，推广“畜—沼—果”“畜—沼—菜”“猪—沼—草”等生态养殖模式，既促进农村人居环境和自然生态的改善，又增加农业的整体经济效益和农民收入。二要加强优质牧草育种，尽快筛选适宜大面积推广的优良品种，满足生产需求；充分利用丰富的自然条件，开展人工种植优质牧草；推广“公司＋合作组织＋农户”等产业化经营模式，探索草业产业化发展模式，满足畜牧业发展对饲料资源的需求。三要加强特色畜产品的无公害、有机、绿色认证，同时借鉴国际先进管理经验，建立特色畜产品原产地保护制度，保证质量和特色，提高附加值。四要积极开展倡导特色畜产品的生产基地建设，抓好基地标准化示范和技术推广，以标准化推动优质化、规模化、产业化、市场化。

二、构建持续稳定的利益补偿长效机制，确立以游牧文化精髓为基础兼收并蓄的本地区主导文化

（一）构建起以异地开发模式为主持续稳定的利益补偿长效机制

从根本上防止移民回流，保护草原生态效益，必须构建起持续稳定的利

益补偿长效机制。不仅国家给予搬迁地和搬迁牧民一定的经济补偿，其他因生态移民获益各方都应承担相应的补偿支付。补偿经费一方面用于提供移民短期内基本生活保障和基础设施建设，建立新的饲草基地；另一方面应该在长期内用于培育和发展定居后移民区的后续产业，保证移民获得稳定的生活收入来源，并通过后续产业的发展从根本上改变原有的生产方式和生活方式。

在补偿模式的选择上，可以尝试以中央政府协调模式为主，以异地开发模式为辅的生态补偿。目前我国的生态补偿模式中主要有中央政府协调模式、税权交易模式、异地开发模式三种。中央政府协调模式主要是由中央或省级政府、上下游地区按一定比例分摊，共同组成生态补偿基金。异地开发模式实际上是用地方国有资产和地方政府税收来作为生态补偿支付，是混合补偿机制的一种新探索。这种模式对于上游发展环境恶劣的流域来说，具有很强的应用价值。例如，发生在浙江省磐安县和金华市之间的异地开发模式就是一个成功案例。上游水源区磐安县与中下游的东阳市、义乌市均属于金华市所辖范围。磐安县位置相对偏远、经济落后，同时又是生态屏障的重要功能地区。1996 年金华市为了解决磐安县经济贫困问题，并保护水源区环境和水质，在金华市工业园区，建立一块属于磐安县的金磐扶贫经济技术开发区，一期占地 660 亩、容纳 130 家企业，同时还接纳了磐安县 1000 多名贫困农民成为园区的工人。2004 年开始二期开发，增加 1 平方千米土地。相应地要求磐安县拒绝审批污染企业，并保护上游水源区环境，使上游水质保持在三类饮用水标准以上。开发区所得税收全部返还给磐安县，作为下游地区对水源区的保护和发展权限制的补偿。2004 年，开发区实现财政收入达到了 5300 万元，占磐安全县财政收入的近 1/4。因此，在新疆生态畜牧业发展中牧民异地搬迁工程也可以充分借鉴异地开发模式的成功经验，有效实现生态补偿。

（二）确立起以游牧文化精髓为基础并充分吸收其他文化长处的本地区主导文化

由于牧区生态移民工程不仅涉及生产方式的转变，而且涉及民族文化的保存与发展，涉及传统文化和传统生活方式的转变。例如，在巴音布鲁克草原生态移民过程中，为巴音布鲁克生态移民提供的抗震安居房，位于和静县莫呼查汗扶贫开发农场的定居点，在哈尔莫墩镇以北 16 千米处，距县城 60 千米。在 20 世纪 80 年代末，就已经有巴音布鲁克草原牧民陆续搬迁到此。从 2006 年开始，由政府安排牧民集中统一搬迁，规模超过以往。原来只有红柳、芨芨草的戈壁，现在已成了杨树、沙枣树、杏树等经济林与生态林相间的农家田园。搬迁初期，定居点较好的生活环境以及具有一定城镇化的生活方式对牧民产生了较强的吸引力。但是，随着时间的推移，部分汉语水平相对较好者逐渐建立起了与外界的沟通联系，可以通过外出打工等方式保证或提高家庭生活水平，但是与外界沟通能力相对较弱者就缺乏这部分经济来源。而且，传统的游牧饮食文化在定居生活中也受到了挑战。比如游牧饮食以肉食为主，定居后的牧民仍然无法在短期内改变这种饮食习惯，以前可以通过宰杀自家的羊满足需求，但定居后的羊群数量有限，而通过市场购买满足需求的费用又太高；同时，煮食羊肉所耗费的燃料较多，以前燃料来源主要依赖捡拾的牲畜粪便，而定居后使用的是煤气，煮食食物费用是定居生活中一项重要的支出，甚至使一些家庭感到无法承受。因此，确立以游牧文化精髓为基础并充分吸收其他文化长处的本地区主导文化在牧民定居中就显得尤为重要。

三、通过体制创新，加强畜产品安全监督检查，促进畜牧业科技公司的发展

（一）通过体制创新，将原有畜牧业部门主要职能中有关技术研究、推广的工作推向市场，充分发挥畜牧业科技公司等市场经济主体在技术研究、推广中的积极作用

畜牧业科技含量相对较低，规模养殖和科学养畜水平低下是目前新疆生态畜牧业产业化发展中的重要问题。尽管各地相关政府部门也通过加强科技培训等方式，逐渐提高农牧民的素质，但是由于职能部门人力有限，在技术推广和宣传中主要采取重点扶持大户和科技示范户的方式，或者通过举办现场观摩会等方式进行宣传，并且主要集中于良种繁育或畜种改良方面，集中于畜牧产品生产的低端环节，很少或者不涉及畜产品的加工、销售环节，在畜产品生产与市场之间缺乏对接。而生态畜牧业产业化的发展要求实现生态畜牧业技术的研究、推广与市场的有效链接，因此应该充分发挥畜牧业科技公司在建立技术研发、“推广—基地建设—产品销售”的收益联动机制方面的作用。一方面，可以鼓励从事畜牧技术研究的科研院所成立相关畜牧业科技公司；另一方面，应该允许科研人员以技术入股等方式，与畜牧业企业联合成立畜牧业科技公司。

（二）加强地方畜牧业部门在畜产品质量监督、检查方面的职能，保证畜产品质量安全

近年来我国畜牧业相关产品生产的安全问题日益突出，加强对畜产品质量的监督、检查，提高监察的有效性迫在眉睫。目前畜产品生产加工中暴露出来的质量问题说明，一方面企业为了节约成本在原料的收购中采取相对简单的质量检验方式，给质量不合格供应商提供了可乘之机；另一方面相关职能部门对企业生产成品的质量监督、检查是缺位的，从而降低了企业对畜产

品原料质量的要求。尽管目前在畜产品的生产中正在积极推行和倡导畜产品生产的追溯制度，但是追溯制度是一种事发后才会启动的制度，并且该制度的有效性在很大程度上取决于相关法律、法规对追溯到的责任人给予的相应处罚，如果违法成本相对较低，该项制度的有效性就难以保证。因此，必须加强事前的防御。在目前事前防御缺位的情况下，可以通过加强地方畜牧部门在畜产品质量监督、检查方面的职能，给予其畜产品质量监督、检查相应的行政执法权，以提高畜产品质量监察的有效性。

四、积极开拓市场，以市场体系的建设带动生态畜牧业产业化发展

（一）大力开拓俄罗斯、中亚市场，着力培育外向型畜牧龙头企业

新疆具有发展畜牧业的良好条件，而周边国家对肉制品的需求也很大。如俄罗斯基本属于北温带及亚寒带的大陆性气候，冬季漫长寒冷，夏季短暂温暖，对动物肉类食品需求量很大，在世界各肉类食品进口国家中，目前进口量仅排在日本之后，居第二位。根据俄罗斯海关统计资料，肉类及其制品进口额为20.3亿美元。俄从中国进口的肉类产品为牛肉250吨，价值28.45万美元；猪肉10507吨，价值1156.08万美元；家禽肉及杂碎8633吨，价值782.16万美元。以上共计19 390吨，总价值为1966.69万美元，只占俄肉类进口总值的1.07%。因此，新疆应充分发挥畜牧业优势和口岸优势，培育壮大一批起点高、规模大、带动力强的外向型畜牧业龙头企业，促进生态畜牧业产业化发展。

（二）积极打造新疆优势畜产品品牌，实现畜牧业资源优势向经济优势的转换

全面提高畜产品质量安全水平，选好产业项目、建立标准体系、创立知名品牌、完善追溯制度；严格畜产品质量安全市场准入制度，加速推行畜产品流通领域的标准化管理；大力推进畜牧业标准化工作，龙头企业要率先实现标准化生产，实施品牌战略，以标准创品牌，靠品牌拓市场，向品牌要效益，创立一批在市场上叫得响、占有率高的名牌产品。

（三）加大市场体系建设，完善生态畜牧业市场体系

生态畜牧业产业化的发展需要以完善的市场体系来保障其市场价值的顺利实现，而目前的市场体系建设中，存在着重视市场基础设施等硬件建设，而对市场服务方式、质量等软件建设重视不足。因此，在加强畜牧专业市场建设中，一方面要继续完善市场基础设施配套建设，打造畜产品交易平台；另一方面必须注重畜牧市场服务体系建设，提高市场信息体系建设水平，完善市场中介服务等。

第三章 草地生态畜牧业体系建设（以喀斯特山区为例）

第一节 喀斯特山区草地畜牧业生态系统

一、草地畜牧业生态系统结构组成

（一）草地畜牧业的概念

所谓草地畜牧业，就是以各类饲草料，尤其是天然草地提供的牧草为饲料源，通过牲畜采食后转化为商品畜产品，进入市场为目标的草畜结合、知识密集型产业。其产业表明它是一个独立的经营体系，是高度综合的生产系统。草畜结合，说明草地畜牧业的发展必须是草和畜的有机结合，缺一不可；知识密集型，说明科学技术在草地畜牧业的发展过程中具有重要的参与作用。

（二）草地畜牧业生态系统的结构

草地畜牧业可归纳为4个最基本的生产层面：前植物生产层，植物生产层，动物生产层和外生物生产层。

自然因素包括气候、土壤、地形、水文地质、生物等，人为因素包括人的素质、组织体制、政策、科学技术、外界投入等。前植物生产层是指在草地进行植物生产之前，不以收获植物产品为目的，而以其自然景观和生态环境效应，如自然保护区、水源涵养区、旅游开发地等取得经济效益；植物生产层是指草地的植物性产品，其通过牧草、草坪草、林木、野生经济作物等产生经济效益，这是草地畜牧业生态系统的基础，前植物生产层、动物生产层和外生物生产层，都是以植物生产为基础而发生的；动物生产层是指草食动物以植物性产品为食物来源，通过草食动物的转化形成动物性畜产品，如肉、奶、皮、毛等，从而获取经济效益；外生物生产层则通过对动、植物生产层的产品进行加工、运输、销售等，创造出更多的价值。上述四个生产层是草地畜牧业不可分割的整体，每一个层面都具有不可替代性，其重要性随着社会发展水平的不同而异。历史的进程表明，社会、科技、文化以及经济水平越高，其前植物生产层和外生物生产层就越发达。

二、喀斯特山区草地畜牧业生态系统模式建设

草地生态畜牧业是畜牧业发展的顶级形式，是托起发达国家的支柱产业，草地畜牧业的发展状况标志着一个国家、一个地区农业的发展水平。国家实施西部大开发战略，积极号召和推动西南喀斯特山区实施退耕还林还草、建设和保护生态环境，发展草地生态畜牧业，调整农村产业结构，优化资源配置，推进草地畜牧业产业化进程，建立高产、优质、高效的现代化畜牧业，实现农业可持续发展。西南喀斯特山区境内各区域，由于地理位置、地形地貌、水、热条件及社会经济、文化等条件不同，建设生态环境和发展生态畜牧业不能采取一个模式，必须遵循因地制宜的原则，不同的区域采用不同的模式。

（一）低海拔丘陵地区草地畜牧业生态系统模式

在西南喀斯特山区，其低海拔丘陵河谷地区，水、热条件相对较好，严冬无霜，四季常青。主要江河流域河谷一带和海拔 800 米以下的低凹盆地，发展草地畜牧业可采取以下生态系统模式。

1. 果林—草地—畜禽生态系统模式

这类地区的丘陵、盆地，适宜种植柑橘、黄果、甘蔗等果树和经济作物。其幼苗期果苗行间较宽，可在行间种植柱花草、宽叶雀稗、坚尼草等，秋季种植意大利黑麦草等，建植季节性草地，牧草产量较高，可直接刈割饲喂牛、羊、鹅、兔、猪，也可刈割晒制青干草或加工草粉替代部分精料。同时，通过养畜，畜禽粪便用于果苗追肥，加上种植豆科牧草对土壤有固氮作用，培肥了地力，果苗生长健壮；成年果树行间种草，既能解决青饲料的供应问题，又能保持水土，减少地表蒸发，控制杂草侵入。建立这种生态系统模式，当年就有收益，几年后效益倍增。

2. 湖、塘、堤坝种草养畜生态系统模式

有湖、塘、堤坝的地方，根据不同鱼类生活于不同水层和草鱼食草的特性，把种草与养鱼、养猪、养牛结合起来，形成一种特殊的生态系统。在湖滨、堤坝附近和田埂等地，种植优质牧草，可刈割直接喂草鱼或先喂猪和牛，再将猪、牛粪便处理后作饵料喂上层草鱼，草鱼的粪便又可作中层鱼的饵料，中层鱼的粪便又是下层鱼的饵料。一些养殖户的实践证明，40~50 公斤青草可换取 7 公斤活鱼，经济效益显著。有水面养鱼的地方，应采用“牧草—鱼”

或“牛、羊、鹅、猪一鱼”的种草养畜生态系统模式。

（二）中、高山地区草地畜牧业生态系统模式

西南喀斯特山区的中、高山地区地形面积宽广（例如黔西南的中、高山地区），但其原生草地植被遭到破坏而退化，并逐渐趋于荒漠化，生态环境恶化，洪涝灾害频繁。保护和建设这类地区的生态环境，地势平缓的地方要翻耕，清除低劣草丛、灌丛，施足底肥，播种优良牧草，建立混播草地，配套养殖优良草食畜禽，方能获得较好的经济效益、生态效益和社会效益。在喀斯特山区海拔 800 米以上中、高山地区，应重点建立以下种草养畜生态系统模式。

1. 草地一肉 / 奶牛生态系统模式

对 25° 以上的坡耕地，退耕还草或对天然草山、草坡进行改良，可用百脉根与多年生黑麦草、白三叶与多年生黑麦草或白三叶与鸭茅等混播，培植优质人工草地和半人工草地。按每公顷草地 4 头牛或 20 只羊放牧 50 天计算，进行划区轮牧，合理配套，养殖肉牛、肉羊或奶牛，向本地市场提供牛、羊肉和鲜奶，也可加工牛、羊、肉产品和奶产品对外销售，可获得较好的效益。在建设过程中，草地利用要严格控制载畜量，载畜量过大造成草地退化，过小则造成资源浪费。

2. 疏林地、草地一牛、羊生态系统模式

喀斯特山区中、高山地区，疏林地多，林木生长周期长，产值较低。对于连片面积几百亩甚或上千亩的疏林地，可将地面改良后在林间播种白三叶、鸭茅、苇状羊茅等优质牧草，培植疏林草地。其中豆科牧草固氮可培肥林地，牛羊粪便可自然追肥，促进林木和牧草生长。林木下，冬暖夏凉，土壤水分比林外旷地高，林间种草养畜效果较好，连种两年豆科牧草后，树木生长健壮，综合效益明显提高。

3. 灌丛草地一山羊饲养流通生态系统模式

喀斯特山区的灌丛草地是放牧黑山羊的好地方，且很多农牧民都有放牧黑山羊的习惯。这类草地改良成半人工草地后，划区轮放，既可保护好生态植被，又可大力发展黑山羊生产。例如，黔西南的册亨、望谟等地的一些农户养殖黑山羊对外销售，经济效益显著，大多走上了脱贫致富的道路。

（三）农区草地畜牧业生态系统模式

西南喀斯特山区的农区，具有建设短期草地饲养畜禽的优越条件。低产田地和冬闲田地面积相对比较宽广，可引草入田，建设季节性草地。通过种草将肥料施于农田，再种粮食，是改低产田为高产田的有效措施。在玉米地行间套作籽粒苋、鲁梅克斯、红苕或豆科牧草，可培肥地力，提高玉米单产，

又可获得充足的青绿饲料，促进畜牧业的发展；在冬闲田地内种植一年生黑麦草或豆科牧草，可解决畜禽冬季和初春的青绿饲料，又可作绿肥还田，增加土壤肥力，促进粮食丰收。喀斯特山区的农区可采用以下主要种草养畜生态模式。

1. 冬闲田地—草地畜禽生态系统模式

在喀斯特山区的冬闲田地内种植豆科与禾本科牧草，产量高，发展养鹅、养猪效果较好，也可弥补牛、羊冬末初春的草料不足，牧草的落叶、根系可还田作肥料，增加土壤肥力。如黔西南的册亨沉渡镇农户利用冬闲田地种草养鹅，产生了较好的经济效益和生态效益。这种种草养畜生态模式在农区应大力推广。

2. 草地—农田—家畜生态系统模式

冬季来临时，常年放牧在喀斯特山区中高山草地的牛羊，可转移到农区易地育肥。一则让草地休复、安全越冬；二则充分利用农区的农副产品和冬闲田地饲草资源，满足畜禽冬春草料供应，避免家畜掉膘。尤其在喀斯特农牧交错的地区应采用这种生态系统模式。

3. 草地—鹅、鱼生态系统模式

在喀斯特中、高山地区的江、河、湖、堤坝附近平缓地区，建设人工草地和半人工草地，放养优质商品鹅或刈割养鱼，均可产生较好的效益。鹅、鱼生长周期短，出栏快，见效快，鹅肉、鱼肉可加工罐头食品，羽毛、鹅绒可加工羽绒产品，市场前景可观。具有这种条件的地方，此生态系统模式较容易建成和普及。

（四）城镇、郊区草地生态系统模式

城镇、郊区人口稠密，精神文明、物质文明和消费水平也比较高，其生态环境的保护和建设更加重要。城区要建植好绿化草坪，搞好环境绿化；郊区要种植牧草，发展奶牛、肉羊养殖专业户。在此类区域，其适宜建设的生态系统模式主要有：

1. 城镇庭院种草绿化

随着城市建设和人类文明进步的发展，环境绿化已显得极为重要。机关、校园、公园、运动场、住宅庭院应积极种草坪草，绿化环境，让工作、学习、生活、休闲娱乐环境都有一片绿色，人们享受到轻松、优雅的绿色环境。在喀斯特山区，建植绿化草坪，要根据城镇所处的地理区位，分别选用冷季型或暖季型草种建植，才能达到理想的绿化效果。

2. 城郊奶牛饲养乳品供应

在城郊种草，发展奶牛、肉羊专业户，为城镇居民提供鲜奶、乳和肉制品，效益可成倍增加。例如，黔西南都匀市郊区农民利用粮田肥地，种植豆科与禾本科优质牧草，鲜草亩产5000多千克，每户养奶牛3~5头，年产鲜奶上万千克，生产酸奶、果奶、鲜奶投放市场，经济效益显著。在喀斯特山区的各市、县城市郊区都应积极推行种草养奶牛、生产乳制品的种草养畜生态系统模式。

总之，在喀斯特山区实施退耕还草、推进生态畜牧业建设的过程中，要在稳定耕地面积、重视粮食生产的同时，建设和保护好生态环境，加快农村产业结构调整，大力发展草地生态畜牧业，合理向草山、草坡、丘陵、湖、塘、堤坝索取肉、奶、蛋、皮、毛和活畜产品。这是西南喀斯特山区的一项重大系统工程。

（五）草地畜牧业开发与生态保护协同发展模式

草业开发必须与生态保护紧密联系，不能走先破坏再恢复的老路。贵州省威宁县草地畜牧业经济经过试验示范推广，针对其生态、经济条件，通过政府的宏观调控和经济、法律等手段，引导产业结构调整和土地资源优化配置，借助西部大开发退耕还林还草工程的建设，建立了适宜于西南喀斯特岩溶山区草业开发与生态保护的协同机制和产业化发展模式。

1. 高山牧区绵羊、山羊生产系统

贵州威宁县高山地区（海拔2300米以上）的草地坡度大，土壤基质条件差。其中草地坡度＞40°的占7.6%，坡度＞25°的占50.3%；土壤深度＜30厘米的草地占40%，其中岩石裸露或有砾石覆盖的草地占6.4%，石质山占10%，主要以亚热带高山草甸植被和灌草丛植被为主，生态环境十分脆弱，开发利用不合理，极易造成严重水土流失的灾难性后果。因此，对这一类地区，必须处理好开发利用与生态保护的关系，在生态保护的前提下，进行适度的开发利用，对草地的建植和改良，通过免耕的“绵羊宿营”技术措施，以低成本改良天然草地，改变原有植被，提高牧草产量。

试验结果表明，通过“绵羊宿营法”改良的天然草地土壤有机质、有效氮、磷、钾的含量分别提高了41%~63%、14%~33%、14.3%~46.0%、33%~67%，pH值提高到6.3~6.8，牧草产量可达7800~10 000千克DM/公顷以上，优良牧草比例可提高到95%以上，地表水和土壤流失量减少55%和99%，其建植成本仅相当于常规建植总成本的20%。在家畜饲养繁殖方面，改变传统的冬季产羔方式为春季产羔，可使家畜繁殖成活率提高7.4%，产羔率提高19%。

这类地区特殊的生态条件，决定了草地只能轻度利用，通过草、灌、林的有机结合，建立以绵羊和山羊等小家畜为主的草业生产系统，实现草地类型与家畜种类、草地开发与生态保护、经济效益与生态效益协同发展的模式。

2. 中山农牧交错区肉牛生产系统

贵州威宁县中山地区（海拔 1900~2300 米）以丘陵和平地为主，地形起伏平缓，切割浅，灌丛草地和疏林草地占总面积的 53.1%，气候凉爽潮湿，光照充足，是威宁的主要农区，但夏末温度过低，影响农作物成熟。这类地区，通过退耕还林还草，建立草地生产基地，发展肉牛生产。肉牛生产系统采取严格的划区轮牧措施，实行全天候放牧制度，选择高性能优良肉用品种牛和杂交品种牛，充分发挥人工草地转化效率高的优势，采用先进的放牧管理技术，建立肉牛繁殖和肥育基地，通过季节性牧草产量的变化，适时调整草地载畜量，使肉牛数量与草地生产能力保持平衡，从而最大限度地实现以草换肉，降低生产成本，提高系统效率，充分发挥农牧交错区的耦合效应。研究表明，放牧强度为 32、21、65 头 / 公顷时，牧草利用率分别达 70%、60%、50%；在水土流失控制方面，降雨量在 5~10 毫米、30~40 毫米，坡度 15° 时，其地表径流和土壤冲刷损失仅为农田的 1% 和 45%。肉牛在冬春季放牧条件下日增重可达 500~750 克 / 头，夏秋放牧条件下日增重可达 900~1500 克 / 头，良种肉牛肥育后平均屠宰率达 60%~65%。

3. 河谷农区奶牛生产系统

贵州威宁县河谷农区（海拔 1900 米以下）地势平坦，气候环境条件好，靠近城郊，交通、信息相对比较发达。通过建植高产优质人工草地，发展奶牛养殖和乳制品加工，改变传统的精料舍饲养殖为草地放牧的奶牛生产模式，同时为中山地区肉牛生产系统输送肥育牛源。研究表明，这类地区全年牧草生长量可达 8 500~11 000 千克 / 公顷，年末总载畜率保持在 2.5 头 / 公顷，产奶母牛载畜率以 1.7 头 / 公顷为宜，精料补饲量由舍饲补饲量的 72% 下降到 5%，补饲成本由 67% 下降到 27%。产奶母牛泌乳期控制在 305 天以内，产奶量达到 3000 千克 /（头•年）。

三、喀斯特山区草地畜牧业的主要经营体系建设

（一）草地畜牧业发展战略设想

1. 基本战略设想

根据西南喀斯特山区的自然资源、社会经济条件和草地畜牧业生产现状、潜力及社会需要，以草地生态学理论为指导，运用系统科学方法，采用综合配套技术措施，在对草地、农田和森林建设进行统一规划和综合治理的基础上，实现"农—林—牧"三结合式的合理布局，建设兴草促牧、量畜兴草和保农护林的"农—林—牧"全面发展的综合草地生产新体系，开展"种（草）—养

（畜）—加（工）”和“产、供、销”的草地产业化生产，达到用尽可能少的饲料（草）资源，在尽可能短的周期内，生产出尽可能多而优的畜产品，获取尽可能高的经济效益，达到（或维持）尽可能最佳的草地生态平衡。

2. 发展方向

根据喀斯特山区特点和国家《南方草场资源调查方法导论及技术规程》，喀斯特山区草地可分为山区灌木草丛草场、丘陵林地草丛草场（包括灌木林地草场、疏林草场和林间草场）和丘陵平原农区隙地草场三种类型。

（1）山区灌木草丛草场

山区草场的开发利用，要实行建设与利用相结合，以利用为主，成片开发与分散利用相结合，以分户利用为主的方针，因地制宜，先易后难，分期开发，选择自然和经济条件较好的成片草场，建立畜草结合的牛羊商品基地，建成一批草地畜牧业示范区，取得经验，逐步推广，为开发山区草地畜牧业发挥引路作用。

（2）丘陵林地草丛草场

丘陵林地草场实行幼林地禁牧，密林地割草放牧和林间草场控制放牧或分区轮牧的方针，严格控制放牧强度，按可利用鲜草量控制载畜量；放牧草地出现 10% 裸露地时，休牧 3~6 个月；有土特产的经济林和果园，实行林间、果间种草，割草养畜，畜粪还田，以牧促林（果），实现牧业与林木共同发展。

（3）丘陵平原农区隙地草场

丘陵平原农区隙地草场，实行农牧结合、统一规划、合理利用、重点保护的方针，对农用耕地和非竞争性耕地，划出适当范围种植优良牧草和饲料作物，建立人工牧地和饲料地；有计划地退耕还牧，恢复传统牧地，禁止铲草皮、毁草开荒与围湖造田，植树种草，恢复植被；有计划地推行合理的草田轮作制，因地制宜地推广“粮—经—饲（如水稻—蔬菜—牧草）”三元种植模式和饲—粮（如“紫云英—水稻”）或饲—经（如黑麦草—西瓜）等种植模式，达到调整结构、农牧协调、种草养畜、以料定畜、畜粪还田、农牧共同发展的目的。

（二）主要生产经营体系模式

根据西南喀斯特山区的地形地貌和草地资源特点以及当地社会经济条件，南方草地开发可以建立山区的大型商品畜生产基地、林区的适度规模家庭牧场和丘陵农区的种养结合型专业养畜户三种生产经营模式。

1. 山区的大型商品畜生产基地模式

在海拔较高山区，大块连片草地较多，应以兴草促牧为主，改良天然草地，兴建大型人工草场，积极开发利用大片草地，发展大规模的肉（奶）牛和半细毛羊养殖业，建立商品畜生产基地。例如，湖南南山牧场位于海拔1760米湘西南边陲，属中山台地草原，总面积152平方千米，建立了以三叶草和黑麦草为主的人工混播草场7500公顷，实行“公司＋基地＋农户”产业化模式，饲养奶牛3500多头，建有年产5000吨奶粉、10 000吨乳制品饮料生产线。

2. 林区的适度规模家庭牧场生产模式

在低山林区，森林覆盖率较高，应以林为主，实行林草结合，兴建林间草地和林缘草地等小型人工草场，建立以养牛羊为主的小型家庭牧场，形成牛羊商品生产辅助基地。例如，湖南邵阳市有各种林间草地45.3万公顷，其中小型人工草场6.32万公顷。在宝鼎山、黄金牧场等周边乡镇建立了小型家庭牧场41个，饲养奶牛280头，年产鲜奶45万千克，创产值112.5万元，每户平均收入2.7万元。

3. 丘陵农区的种养结合型专业养畜户生产模式

在丘陵农区，其种植业多为旱作农业和林果业生产，有较多的轮歇地和冬闲田（地）等非竞争性耕地，应采用粮—草间作、轮作和果林下种草等方式，实行农牧结合，建立复合经营型生产模式。概括地说，其生产模式主要有四种类型：

一是闲置田（地）的“粮—草—畜”生产模式。例如，利用冬闲田种植优良牧草，再割草喂畜。据试验，冬闲田种黑麦草，可养鹅45只/亩，种草田比非种草田多产粮943.95千克/公顷，增产14.2%，少用化肥137.25千克/公顷。

二是荒坡（地）的“林—草—畜”生产模式。例如，在坡度较大的坡耕地和荒地种植人工牧草，以林造型（生态景观），以草护坡固地，用草喂畜，畜粪还地，实现林（果）和牧（草）双高产。

三是果园（荒山）的“果—草—畜”生产模式。例如，在新建的柑橘园内套种圆叶决明和白三叶等优质牧草，用草固地，防止水土流失，以草喂畜，发展养殖业，实现果畜双丰收。

四是湖州地和（水）库塘坡地（或消落区）的“鱼—草—畜”生产模式。例如，在大型湖泊的湖州地、水库或鱼塘岸边和坡地，于枯水季节种植牧草，用草固地护坡防止水土流失，以草喂鱼，发展水产养殖业，实现鱼畜双丰收。据报道，这种“鱼—草—畜”生产模式，牧草鲜草量可达2.625万千克/公顷，鲜鱼产量达3200千克/公顷，湖州草地可饲养羊10~15只/亩，羊平均日增重130克。

（三）评价体系

充分合理而有效地利用南方草地资源，目的是建设一个可持续发展的西南喀斯特山区草地畜牧业生产体系。如何评价这一生产体系的优劣及其生产效率的高低，目前尚无统一的度量和评价指标。邢廷铣认为，一个持续发展的喀斯特山区草地畜牧业生产体系，一定要具备4个条件，这就是一定要具备第一性生产量（牧草）尽可能多，第二性生产量（畜产品）尽可能高而优，畜产品商品率尽可能高和加工增值尽可能快，以及区域生态环境尽可能维持最佳状态。为此，特提出以下评价体系指标，以供研究参考（表3-1）。

表3-1 南方草地畜牧业可持续发展评价指标

评价体系	评价指标	评价参考分
第一性生产——草地牧草生产力(35分)	人工草地面积（公顷）	10
	单位草地的牧草产量（千克/公顷）	10
	单位草地的牧草价值（元/公顷）	8
	单位草地载畜量（羊单位/公顷）	7
第二性生产——草食动物生产力（30分）	单位草地拥有的牲畜饲养量（头/公顷）	10
	单位草地肉（奶）产品量（千克/公顷）	9
	单位畜产品投入（元/千克）	6
	单位畜产品收入（元/千克）	5
畜产品商品率和加工增值效益(20分)	畜产品市场销售量（吨/年）	4
	畜产品销售率（%）	4
	牧业总产值（元）及其占农业总产值的比例（%）	3
	畜产品初加工率（%）及其深加工产品率（%）	3
	畜产品加工总收入（元）及其占牧业总产值的比例（%）	3
	农（牧）民人均牧业纯收入（元）	3
草地生态环境（15分）	草地裸露率（%）	3
	草地水土流失率（%）	3
	草地土壤中有机物质含量（%）	3
	牧草中重金属和农药含量（毫克/千克）	3
	牧草种类自然消失率（%）	3

由表3-1可知，这一评价体系由草地生产力、动物生产力、商品生产和生态环境4个评价体系组成，各体系的参考评分值分别定为35，30，20和15分。上述4个评价体系分别设定4，4，6和5个评价指标，并依其重要性给出各自评分参考值。总评分＞60~70分可认为该体系基本合理和有效；＞70~80分属合理和有较高生产效率；80~90分则属于很合理和很有效。利用该

评价体系，对湖南南山牧场、黄金牧场和南滩牧场等进行草地畜牧业生产力评估验证，证明上述评价指标用于南方喀斯特山区草地生产的评估是可行的。

四、效益型草地生态畜牧业工程体系构建

《中华人民共和国畜牧法》和《全国畜牧业发展第十一个五年规划（2006—2010年）》都明确指出，要推进畜牧产业化经营，提高畜牧业综合生产能力，持续发展优质、高效、生态、安全的畜牧业。因此，西南喀斯特山区的畜牧业必须在实践探索和理论总结的基础上，找到适合喀斯特特征的生态畜牧业道路，发展“优质、高产、高效、生态、安全”的效益型生态畜牧业。发展效益型生态畜牧业是推进现代农业和新农村建设的需要，是提升我国西南喀斯特山区畜牧业竞争力的需要，是维护人民身体健康和生命安全的需要，是保证国民经济持续快速健康发展的需要，是促进社会主义和谐社会建设的需要。

（一）效益型畜牧业的含义

所谓“效益型畜牧业”是指以“优质、高效、生态、安全、高产”为基本要求的，用现代发展理念指导、用现代设施装备、用现代科技改造、用现代经营管理方式发展，以“规模化、专业化、产业化、标准化、科学化”为方向，可持续发展的现代畜牧业。

优质是指畜产品一定要保障质量安全。加强畜牧业产地环境、生产投入品和养殖过程的监管，重点实行标准化生产，加强对饲料质量和有毒有害物质残留的监测，推行质量安全追溯制度，大力提高畜产品质量水平。

高效是指畜牧业要提高生产效益。加快推进畜牧业生产方式转变，推广先进实用技术，提高规模化和产业化水平，大力发展畜产品加工和贸易，实现畜产品增值增效，促进农牧民增收。

生态是指畜牧业发展要保护生态环境。进一步完善草原家庭承包经营制，组织实施草原生态保护建设工程，积极推行基本草原保护、禁牧休牧轮牧和草畜平衡制度。大力发展以秸秆养畜、畜禽粪便资源化利用为核心的循环经济。

安全和高产在含义上有重叠之处。主要指畜牧业发展要保障畜产品有效供给。扩大良种供应，加强饲草料基地建设，大力发展畜牧业，增加肉蛋奶等畜产品的供给，满足日益增长的市场需求，改善居民膳食营养结构，维护食物安全。高产更加强调主产品的“量”，安全则侧重于整个畜牧业的健康和持续发展，要求有合理的经营方式和形式、有合理的生产结构，即“质”，进而保障畜产品的有效供给。

效益型畜牧业五个基本要求的含义是十分丰富的。优质在一定程度上是高效的基础，安全和高产含义接近，高产是在一定条件界定基础上的高产，这些界定条件主要有优质、生态、高效。而且效益型畜牧业有狭义和广义两方面含义，狭义效益型畜牧业就是指“效益型养殖业”，广义的则是指整个效益型畜牧产业。

另外，需引起注意的是，“优质、高产、高效、生态、安全”既相互联系，又相互制约，整个效益型畜牧业是各个组成部分和影响因素之间博弈的过程。我们需要做的是找到其中的均衡点，促进畜牧业的发展。

（二）效益型畜牧业评价指标体系构建的目标及指导思想

1. 效益型畜牧业评价指标体系构建的目标

在充分了解影响效益型畜牧业的因素基础上，找到能正确反映效益型畜牧业全貌的指标，并构建评价指标体系，进而为评价区域发展效益型畜牧业提供标准。结合效益型畜牧业的定义和其丰富的内涵，在广泛收集资料和征求专家意见的基础上，我们总结了效益型畜牧业的影响因素，见表3-2。

表 3-2 效益型畜牧业的影响因素

优质因素	高产因素	高效因素	生态因素	安全因素	支撑因素
防疫、有害物质残留；质量标准、饲养方式、环境	机械化	畜禽品种；饲料	规模、畜产品消费需求、产业化	畜禽养殖形成的污染，超载过牧	畜产经营方式、经营形式；畜牧业生产结构

2. 效益型畜牧业评价指标体系构建的指导思想

建立效益型畜牧业评价指标体系总的指导思想是：从实际出发，科学界定效益型畜牧业概念，充分借鉴现有国内外研究成果，既便于实际操作，又能较全面地反映发展效益型畜牧业现状和水平。即：效益型畜牧业评价的核心是促进效益型畜牧业发展；促进效益型畜牧业发展的最终目标是促进畜牧业可持续发展，处理好人口、经济、社会、资源、环境诸要素之间的相互关系。

（三）效益型畜牧业评价指标体系建立的理论框架

1. 效益型畜牧业评价指标体系建立的原则

建立效益型畜牧业评价指标体系应遵循以下原则

（1）科学性与实用性相结合原则

科学性是指标体系必须体现效益型畜牧业的内涵，突出效益型的系统目标；实用性是指标体系应易于被使用者理解和接受，易于数据收集和量化，具有可比性等。

（2）全面性与简明性相结合原则

评价指标并非多多益善，关键在于评价指标在评价过程中所起作用的大小。全面性是出发点，指标体系应涵盖为达到目的所需的基本内容，能反映对象的全部信息；指标的精练可减少评价的时间和成本，使评价活动易于开展。

（3）系统性和层次性相统一原则

效益型畜牧业及其发展是一个复杂的系统，它本身又可分解为若干个子系统，因此，效益型畜牧业评价指标体系也必须按系统性、层次性构建，以便从不同层面上来反映效益型畜牧业发展的状况。

（4）规范性和开放性相结合原则

效益型畜牧业具有特定的内涵，因此，作为反映效益型畜牧业发展状况的评价指标体系也应保持相对的统一和规范。这样才能进行不同地区间效益型畜牧业发展状况的比较。但同时，由于各地的实际情况不同，效益型畜牧业发展中的主要矛盾不同，评价指标体系允许有一定的选择替代空间，以便于真实地反映各地效益型畜牧业的发展状况，指导不同地区效益型畜牧业的发展。

2. 效益型畜牧业评价指标体系的基本理论框架

效益型畜牧业的内在目标是多重的。优质、高产、高效、生态、安全在畜牧业发展中占有重要地位。效益型畜牧业的评价就是要反映优质、高产、高效、生态、安全之间的协调程度及总体发展水平。支撑效益型畜牧业发展的因素对上述五个方面有巨大的支撑作用，是效益型畜牧业发展的重要保证。我们要将其融合进优质、高产、高效、生态、安全中，即融合到效益型畜牧业中，使其贯穿效益型畜牧业发展的始终，并推动畜牧业健康发展。

（四）效益型畜牧业评价指标体系的构建及指标说明

1. 效益型畜牧业评价指标体系的构建

根据前述指标体系的目标、指导思想、基本原则和理论框架，在综合国内外有关研究成果和咨询20名畜牧业专家的基础上，姜法竹等构建了由5个子系统、30个指标构成的效益型畜牧业评价指标体系（见表3-3）。

表 3-3 效益型畜牧业评价指标体系

目标层	准则层	指标层
效益型畜牧业（A）	优质系统（B_1）	畜禽发病率（C_{11}）
		死淘率（C_{12}）
		防疫人员数（C_{13}）
		防疫费用（C_{14}）
		质量安全认证数（C_{15}）
		单位主产品净产值（C_{16}）
	高产系统（B_2）	机械化程度（C_{21}）
		畜禽良种覆盖率（C_{22}）
		饲料转化率（C_{23}）
		主产品产量（C_{24}）
		人均畜产品占有量（C_{25}）
		劳动生产率（C_{26}）
	高效系统（B_3）	占用资金量（C_{31}）
		畜禽商品率（C_{32}）
		大型农产品批发市场数（C_{33}）
		龙头企业数（C_{34}）
		单位生产成本（C_{35}）
		成本纯收益率（C_{36}）
		畜产品总产值（C_{37}）
		人均产值（C_{38}）
	生态系统（B_4）	畜禽粪便处理率（C_{41}）
		畜禽养殖废弃物处理费用（C_{42}）
		每公顷草场载畜量（C_{43}）
		草原退化面积（C_{44}）
		草场载畜量指数（C_{45}）
	安全系统（B_5）	畜牧业产值占农业总产值比重（C_{51}）
		畜牧业产值占 GDP 比重（C_{52}）
		奶产量占肉、蛋、奶产量和的比例（C_{53}）
		牛羊肉产量占肉类总产量的比例（C_{54}）
		饲料作物种植比例（C_{55}）

2. 效益型畜牧业评价指标说明

此处，只对一些不太熟悉和含义有变动的指标进行必要的解释和说明，对于比较熟悉的指标则不再作说明。

（1）优质子系统

①畜禽发病率

畜禽发病率就是一定单位的畜禽发病的比例，是衡量畜禽健康状况的重要指标，能很好地反映“优质因素”。畜禽发病率高说明畜禽健康状况差，影响畜禽产品品质；其指标值越小，则表示畜禽健康状况越好，畜禽产品质量越有保证。

②死淘率

死淘率就是指畜禽的死亡和淘汰率，是衡量疫病发生情况和畜禽健康的重要指标。死淘率高说明畜禽的健康状况差，畜禽的品质难以保证；数值越小，则说明畜禽的健康状况越好，品质就越有保证。

③防疫人员数和防疫费用

在很大程度上可以说，畜禽防疫体系对效益型畜牧业发展的保障力度决定了其发展程度。防疫人员数和防疫费用则可以很好地反映各省对畜禽防疫的重视程度，进而从侧面反映畜禽和畜产品的优质程度。

④质量安全认证数

目前，我国已基本形成了以无公害农产品认证为主体，以绿色食品、有机食品及农业投入品认证为补充的认证体系。对认证产品实行标识（牌）和证书管理，鼓励和倡导开展 GAP、GMP、HACCP、ISO9000 和 ISO14000 等质量体系认证，产品认证是其中重要的组成部分。农产品质量安全认证数，特别是畜产品的质量认证数可以很好地反映畜产品的质量水平，能很好地体现“优质”这一项要求：质量安全认证数 = 无公害农产品认证数 + 绿色食品认证数 + 有机食品认证数。

（2）高产子系统

①机械化程度

现代畜牧业的重要标志就是机械化程度高，机械化养殖可以极大地提高劳动生产率，增加畜产品的产量，所以它是衡量畜产品产量的重要指标。

②畜禽良种覆盖率

畜禽良种覆盖率是反映一定畜禽群内良种畜禽所占比例情况的指标。良种覆盖率高说明畜禽品种较好，具有提高畜产品产量和保证质量的潜力。畜禽良种对畜牧业发展的意义非常重大，不仅是影响产量的重要因素，也是影响畜产品质量、畜禽结构等方面的重要因素。把该指标列入“高产系统”中，主要是基于实际经验和专家的意见，即认为其对“高产系统”的影响要大于对其它系统的影响。

③劳动生产率

畜牧业生产中的劳动生产率是指畜牧业从业人员在一定时期（通常为一年）所生产的畜产品数量。单位时间内生产的产品数量越多，劳动生产率就越高；反之，则越低。它是一个综合性很强的指标，既可衡量产量多寡，也是科技水平、管理水平、自然等因素的综合体现。在本书中将其表示为：

劳动生产率 = 主产品产量 / 用工数量

（3）高效子系统

①占用资金量

占用资金量是衡量畜牧业规模的指标，适当规模有助于畜牧业效益的提高，一般把占用资金量作为衡量效益型畜牧业高效的一个指标。占用的资金数量越多说明畜牧业规模越大。然而，占用资金是否越多越好，这需要进一步研究，但它在一定程度上可以反映效益型畜牧业的效益水平。

②畜禽商品率

畜禽商品率是衡量畜牧生产水平和商品化程度的指标，间接反映畜牧业劳动生产率的水平。畜禽商品率高则说明进入市场的程度就高，实现效益的可能也越大。

畜禽商品率 =（畜禽商品量 / 全年畜禽产品总量）×100%

③大型农产品批发市场数

畜产品顺利销售是实现畜牧业效益的重要基础，即畜产品流通非常重要。而大型农产品批发市场是其流通的重要渠道，大型农产品批发市场数量（当然，畜产品批发市场的整体实力很重要）可在一定程度上体现效益型畜牧业的效益水平。

④龙头企业数

畜牧业的进一步发展离不开龙头企业的带动。龙头企业肩负着开拓市场、创新科技、带动农户和促进区域经济发展的重任。龙头企业数作为反映效益型畜牧业高效的一个指标，也是科技、管理、政策、信息等支撑因素间接的反映。

⑤成本纯收益率

成本纯收益率表示每 100 元的畜产品生产成本、费用所能创造的畜产品收益水平。成本纯收益率是成本利润率的变种，是减税纯收益与含税成本的比值，即：

成本纯收益率 =（减税纯收益 / 含税成本）×100%

其中，减税纯收益 = 产值合计 + 其他收入 − 含税成本；含税成本 = 生产成本 + 期间费用 + 税金。

（4）生态子系统

①畜禽粪便处理率

畜禽粪便是造成环境污染的主要原因，其处理程度是衡量“生态”的重要指标。畜禽粪便处理率就是指在畜禽生产中所产生的粪便有多少已经通过各种手段处理，其数值越高则说明畜禽生产产生的污染就相应地越少，生态效益就越高。

②畜禽养殖废弃物处理费用

畜禽养殖废弃物处理费用就是在对畜禽养殖过程中产生的废弃物进行处理时所耗费的各种费用总和。“畜禽养殖废弃物处理费用”这一指标作为与“畜禽粪便处理率”指标相配合的指标使用，一个是说明污染物处理的程度，一个是说明污染物处理时的花费。依据最优原则来考虑，则是处理率越大越好，处理所花费越来越少，所以从长远来考虑该指标的值是越小越好。

③草场载畜量指数

草场载畜量指数是草场实际载畜量与草场允许载畜量（草场载畜量）的比值，是衡量草场“生态”优良与否的又一重要指标。其指标值越大说明草原受破坏程度越严重，生态环境越恶劣，从长远来看对发展畜牧业生产极为不利。

草场载畜量指数 =（草场实际载畜量 / 草场允许载畜量）×100%

（5）安全子系统

①奶产量占肉、蛋、奶产量和的比例

肉、蛋、奶产量之间的比例是反映畜牧业是否健康持续发展的重要指标。然而由于是三个量的比值，标准化比较困难。所以把“奶产量占肉、蛋、奶产量和的比例”这一指标提炼出来，以反映这一结构调整的情况，也可以很好地反映效益型畜牧业“安全”这一要求。奶产量占肉、蛋、奶产量和的比例的数值越高说明人们的生活水平越高。当然，该比例也是有一定数值范围的。

奶产量占肉蛋奶总量比例 =[奶产量 /(肉产量 + 蛋产量 + 奶产量)]×100%

②牛羊肉产量占肉类总产量的比例

受上一指标的启发，姜法竹等在该指标体系中设置了“牛羊肉产量占肉类总产量的比例”这一指标，反映畜牧业结构调整的另一个重要方面，即“加快发展牛羊肉生产”。其数值越高对于提高人民生活水平越有利。

牛羊肉产量占肉类总产量的比例 =[（牛肉产量 + 羊肉产量）/ 肉类总产量]×100%

③饲料作物种植比例

饲料作物种植比例是指饲料作物面积占种植业总面积的比例，是种植业三元结构比例的变种。

饲料作物种植比例 =（饲料作物面积 / 种植业总面积）×100%

其中，种植业总面积 = 粮食播种面积 + 经济作物播种面积 + 饲料作物播种面积。

指标体系建立完成后，我们可以采用适当的方法确定指标权重并设计综合评价模型，进而可以对区域发展效益型畜牧业的情况进行定量的评价，并可以根据定量评价结果有针对性地提出发展效益型畜牧业的对策和建议。

第二节 黔西北特色生态畜牧业体系建设

一、发展特色生态畜牧业的必要性及需求分析

（一）国家中长期关注发展的重点领域

1. 提高农牧业产业化程度、推进农业农村工作的创新

针对当地特色禽畜产品的升值和环保进行研发，提升产品质量和功能，代替传统的以数量为主的家畜生产方式；降低自然生态承载力，合理利用资源，发展生态型、特色型畜牧业。《国家中长期科学和技术发展规划纲要（2006—2020 年）》中提出重点“农业领域”的“种质资源发掘、保存和创新与新品种定向培育”“农产品精深加工”及“生态农业”等发展主题。这些主题面临亟待发展的模式就是生态型特色畜牧业，特别是在国家西部大开发、扶贫战略以及山区综合生态经济发展大战略前提下，瞄准黔西北生态型产业发展需求，以精端畜禽产业的支撑体系、市场培育体系为研发目标，整合资源，合理利用，以高效产出为准则，以促进环境治理为导向，发展黔西北特色生态畜牧业不仅有利于返乡的农民工就业，而且还利于提高农牧业组织化、规模化、产业化程度，推进农业农村工作的创新。

2. 改变草地生态畜牧业发展制约因素的新途径

由于自然和历史的原因，黔西北地区水土流失和土壤石漠化十分严重，虽经 20 多年治理，生态环境得到了一定的改善，但今后生态建设的任务还很重。以毕节地区为例，按照《毕节地区生态畜牧业发展规划（2008—2020）》和《毕节地区草食畜牧业发展规划（2008—2020）》提出的建设目标，必须大力发展以牛羊为主的草地生态畜牧业，却仍存在许多制约因素。

一是畜牧业资源低产而相对缺乏，农民在缺乏资金投入的情况下仍把谋求新发展的希望寄予垦荒，老垦荒尚未被有效控制，新垦荒又悄然开始，导致畜牧业生产资源在生态遭受破坏的同时也随之减少；二是由于历史上养畜与生态建设未做到合理利用和协调发展，错误地把生态环境恶化的主要原因归罪于饲养牛羊，而忽视了过度开垦对生态环境造成的致命性破坏；三是全区畜牧业生产自然发展情况严重，分布不均，部分草场载畜过重，草地生息繁衍困难，退化日益严重，草畜矛盾突出，严重制约了毕节地区草地生态畜

牧业的发展。

针对黔西北喀斯特山区当地的特色禽畜资源，大力研发特色产品升级，开辟特色畜牧业发展的新途径，推动特色生态畜牧业体系开发和建设，有利于改变草地生态畜牧业发展的制约因素。

3. 生态畜牧业体系建设和发展的重要内容

畜牧业发展程度的高低是农业现代化的重要标志之一，精、优、特畜牧产业发展更是其中的重要内容。近年来，中央、省级农业农村工作都把畜牧业发展提到了相应的高度，要求各级各部门以市场为导向、以科技为动力、以质量和效益为中心，改善农业生产条件，调整产业结构，推进农产品的区域化、优质产业化进程，大力发展特色农业和生态农业，逐步把畜牧业纳入高产、优质、高效的轨道。

4. 喀斯特山区生态综合建设的产业重点发展方向

国家长期关注，并日益提高黔西北地区综合生态治理。自该地区作为国家示范试验区以来，国家生态治理、科学计划诸多优先主题均首先关注该地区的发展需求。前期工作已经在生态治理、扶贫开发、地区经济领域得到了极大发展。但在精品、生态农牧业领域尚待注入科技支撑力量，引导黔西北再次在草地畜牧产业上作出重大贡献，为以功能性畜牧产业为导向的黔西北畜牧业发展思路提供发展空间，为“减量增收”的生态型、节约型畜牧业发展提供平台和智力支持以及市场氛围。以上重点目标在于瞄准国家战略和地方发展需要，并以再次促进黔西北草地畜牧业发展，以高档次的黔西北草地畜牧业发展战略为实施理念，促进黔西北延续西南草地畜牧业可持续发展，是黔西北生态综合建设之产业重点发展方向。

（二）喀斯特山区实现畜牧业可持续发展的重要举措

1. 乡土资源开发和可持续利用的主题

合理的畜牧业发展能够使当地资源得到可持续利用。显然，黔西北地区水土流失现状表明，当地资源不仅没有得到合理利用，而且超负荷利用，致使生态恶化，水土流失，畜牧业发展更未实现高效。以功能性畜牧产业为理念的发展思路，不仅使各地乡土资源得到保护，更是使其得到优质发展的重要基础。

黔西北少数民族众多，有汉、彝、苗、白、回、布依、仡佬、蒙古、藏、侗等 37 个民族。不同少数民族都有自己的特色畜产品利用方式，一直为国内外所瞩目，且形成的文化遗产更是罕世之宝。黔西北是川滇黔的锁钥，贵州高原屋脊，长江珠江屏障，西邻云南昭通市、曲靖市，北接四川泸州市，东靠贵阳市、遵义市，南连安顺市、六盘水市。该地区在资源丰富和特色上都具有优势，开发特色资源从来都是老少边穷地区的致富之宝。那么，以生态建设为核心的特色畜牧业发展即为当今乡土资源开发和可持续利用的主题。

2. 当地资源合理、高效利用的重要方向

黔西北地区有地方优良畜禽品种 14 个，其中可乐猪列入《中国畜禽品种志》。威宁黄牛、威宁绵羊、威宁鸡、乌蒙乌骨鸡列入 2007 年农业部新拟定的《中国畜禽遗传资源名录》。新发现的地方品种资源 2 个，其中毕节黑马羊已注册了商标，糯谷猪正在扩群。引进的优良品种牛主要有西门塔尔牛、利木赞牛、安格斯牛、摩拉水牛、黑白花奶牛；猪主要有长白猪、杜洛克猪、约克夏猪；羊主要有波尔山羊、考力代羊、罗姆尼羊；鸡主要有江西麻鸡、福建青脚鸡等。

这些优良资源的开发虽已开展，但尚未上升到优质、精品开发的思路和行动上。因此，凝练优良资源，发展精品产业才是再次提升当地特色畜牧业、合理进行资源开发的重要方向。诸多实践证明以大量、高速度、大规模的产品研发在山区不符合科学发展观，不能够实现资源合理利用，以原始乡土文化为背景的资源利用模式和资源开发更受市场欢迎，其根本在于资源的合理利用。因此，黔西北地区畜牧业升级研发在于特色，更在于其利于生态建设。

3. 畜产品升级、发展品牌畜牧业的当务之急

黔西北地区畜牧业正处于大好的发展时期，草地畜牧养殖作为畜牧业的支柱产业，已成为省地各级部门的共识，并已加大建设力度。作为畜牧业的支撑项目，“草地畜牧业科技扶贫”已启动并取得一定的成果，但由于家畜品种质量不高，数量少，严重制约了畜牧业的发展。因此，实现家畜种质资源保护与种质资源创新，发展品牌畜牧业，是特色畜牧业发展的必然趋势，实属当务之急。

（三）推动国家扶贫开发试验区发展的重要工作

1. 改善山区人居环境、提高经济收入的重要保障

生态畜牧业可持续发展是“毕节试验区”及整个黔西北畜牧产业化发展的必由之路，对建设长江与珠江“两江”中上游生态屏障保护区意义重大，是改善山区人居环境、提高农民经济收入的重要保障。为了配合“试验区”生态畜牧业发展战略的顺利开展，确保国家食物安全和生态安全，加快建设社会主义新农村，以农牧民增收、降低畜牧业生产自然增量为目标的特色畜牧业必须引入黔西北发展的规划。

2.“开发扶贫、生态建设”极为有益的经验

发展生态畜牧业是黔西北地区“开发扶贫、生态建设”极为有益的经验。

黔西北高原是石漠化严重的地区，生态环境十分脆弱，如何合理利用自然资源，既不破坏生态环境，又能促进当地经济发展，实现生态环境和社会经济的可持续发展是目前面临的主要问题。黔西北高原具有发展草食畜牧业的天然条件，要实现生态畜牧业的战略目标，饲草饲料是基础，畜群饲养量的增加和质量的提高是保证。为此，必须加大力度恢复和改良天然草山草坡。这样，不仅能有效地推进黔西北生态建设，而且能有效地提高草地产出率，从而满足牲畜增长的物质需要，扩张牛羊群体总量和提高牛羊群体质量。

3. 有利于实现健康畜牧业的可持续、健康、协调发展

总结 20 多年的研究，我们认为对草地生态系统强调外源性资源及技术的引进和投入，对系统内源性资源的挖掘和改造升级不足，通过一些项目的实施，仅靠单项技术或单一项目的实施，并不能解决复杂的生态环境和社会经济问题，必须因地制宜地发展特色草地生态畜牧业。综合利用灌丛、草地和非常规饲料资源，利用岩溶地区地势高低悬殊、生物垂直地带性差异大的特点，建立“灌丛—草地—非常规饲料”的复合生产体系和适宜于岩溶山区草业开发与生态保护的协同机制及产业化发展模式，在此基础上开展精、优、特畜牧产品开发，发展循环生态畜牧业，利用特有饲草资源，进行特有基因挖掘，功能产品研发，靠“精、优、特”以及纯土著畜产品才能实现农民增收及健康畜牧业和和谐社会的可持续协调发展。

（四）民族文化遗产开发的重要组成部分

1. 非物质文化遗产有效开发和发展的重点内容

随着世界上人们对非物质文化遗产越来越重视，世界各地纷纷开展对土著文化的挖掘、保护和推广。黔西北地区是我国非物质文化遗产最丰富的地区之一，更是我国进行非物质文化遗产开发的重点地区。诸多非物质文化遗产的衍生产品就是物质生产，其特点就在于乡土性的产品。本地诸多特色畜牧业产品不仅是非物质文化遗产的一部分，应得到开发，而且也是满足外界民众前来旅游参观物质消费需求的重要依托。没有大量、有特色的当地物质生产，根本不可能使当地非物质文化遗产得到有效开发和发展，也谈不上民族文化传承和发扬。而且，特色畜牧业的发展，将有效推进黔西北畜牧业的发展和生态建设，增加城乡优质产品的供应能力，满足人们对优质、卫生、安全、纯乡土的产品的需求。因此，欣赏和关注非物质文化遗产，发展黔西北特色畜牧业，是物质与非物质经济发展的重点内容。

2. 再次提升黔西北畜牧业发展的重要工作

随着人们的消费水平不断提高，饮食对人体健康的影响日益受到重视，健康已成为 21 世纪人类的第一追求。由于功能性食品可以提高人体免疫力，

具有预防疾病、延缓衰老等特殊的功能，所以一经问世，就显示出其生命力，被誉为“21 世纪的食品”，成为当代食品研究和开发的新潮流。开发具有不同功效的功能性畜产品具有广阔的市场前景。通过功能性畜产品的研究、开发，不仅可以提高传统畜种的利用价值，提高当地老百姓的收益，而且可为打造黔西北“精品畜牧业”品牌创建基础。通过深入研究、分析特色家畜肉制品、乳制品的功能性因子，如抗氧化维生素和矿物质类、活性多聚糖、活性肽、活性蛋白质、多不饱和脂肪酸、类脂、皂甙、胆碱、黄酮类、乳酸菌等，探索特色畜产品深加工技术，都是再次提升黔西北畜牧业发展的重要工作。

二、特色生态畜牧业体系建设的目标与技术路线

（一）开发建设的总体目标

1. 解决黔西北地区生态建设与经济建设存在的矛盾。

2. 解决该地区普遍存在的对灌草资源认识不足、特色产品开发力度不够以及生态型畜牧业管理与农业体系结合不完善等难点。

3. 为我国非物质文化遗产重点地区的生态和经济发展提供技术支撑。

4. 为促进少数民族地区的可持续发展提供技术和示范样板。

（二）总体研究与开发任务

1. 黔西北高原灌草资源合理开发及非常规饲料研发

利用 3S 技术对区域内土地资源和草地、灌丛和农区非常规饲料的开发利用进行总体规划和系统信息化管理，建立灌丛—草地—非常规饲料复合生产体系，研发草地资源的综合利用技术，是黔西北发展生态畜牧业、实现生态恢复与经济协调发展的关键。主要包括：

（1）制定区域内“林—灌—草—农”适宜性总体规划和草地资源分区利用规划，建立草地资源时空动态遥感监测与数字化管理信息系统。

（2）研究灌草植被资源培育利用技术、退化草地恢复与持续利用管理技术、低成本人工草地建植技术和灌草资源营养补偿与转化利用技术，建立草地资源可持续利用的集成技术体系和试验示范基地，为岩溶地区草地资源的合理利用与生态恢复提供理论和方法。

（3）建立生态安全前提下的草畜季节平衡和农牧区空间耦合饲养模式，研发多营养饲料舔砖和微量元素添加技术，从饲料生产过程中提升特色畜产品的品质，为生态畜牧业的发展提供基础保障和技术支撑。

2. 黔西北家畜特色基因挖掘与高效养殖技术研究

收集并建立家畜遗传基因信息数据库，开发家畜特色基因，进行家畜遗传育种和高效养殖技术体系研究，对黔西北高原家畜特色基因进行系统检测

和分析，阐明家畜特色基因种类、数量和分布特性。建立特色家畜繁殖和高效养殖的产业化基地及特种家畜繁殖基地和高效养殖的样板区。主要任务有：

（1）家畜特色基因检测与分析，利用家畜特色基因，进行家畜新品种选育。

（2）家畜体况综合评价体系研制，草畜系统平衡的指标体系及调控技术研究。

（3）家畜高效养殖模式研究与示范（特种家畜示范基地建立）。

3. 黔西北功能性畜产品开发与产业示范

加强对黔西北地区特有畜种资源乳肉功能因子的研究，揭示特有畜种的功能性食品研发方向。通过研究验证该功能性畜产品的生理调节功能，探明功能因子的化学结构、稳定形态、含量和作用机理，确定技术规程和工艺体系。通过与企业合作开发生产特有畜种功能性畜产品，提高价值，促进地区经济发展。主要任务有：

（1）特色家畜乳肉畜产品常规营养成分及功能性营养因子研究。

（2）乳肉畜产品中特定功能因子的结构、功效研究。

（3）影响当地特色家畜乳肉中功能因子的因素和提高其含量途径研究。

（4）乳肉功能性产品产业开发技术研究及示范推广。

4. 黔西北农—牧系统耦合模式研究与示范

通过对组成当地农业生态系统的各关联成分（亚系统）生产过程的各关键环节进行调控与有机整合，优化组分结构和植物性利用模式，使其达到耦合效应，即实现生态系统总体功能大于系统组分之和的目的，使其系统功能放大，最终实现环境关系友好、社会发展和谐以及经济效益提高的整体目标。主要任务有：

（1）建立饲草料生产与利用技术示范体系，制定以草定畜的生态经济指标和技术规范。

（2）研究农—牧系统间耦合效应的实用技术体系。

（3）研究典型亚热带高山草地农业生态系统耦合的资源高效利用模式。

（4）研究将黔西北地区农—牧系统潜在的耦合效应转变为现实的耦合效应的技术路线和技术途径。

5. 黔西北健康、环境友好型特色畜牧生产体系研究

以低排放三废为目标的特色畜产养殖和加工基地是现代集约化畜牧产业发展的目标。通过以特色畜牧生产研发体系、生产企业为研究核心，增强健康畜产品生产体系整体能力，以示范点为工作目标进行生产单元改造，建立以乡镇为基础的安全监控体系，提高黔西北特色畜牧业生产的环境友好型生产水平。主要任务有：

（1）研制特色畜产品生产投入品标准，研发中间环节投入品标准及生产规范。

（2）研制环境友好型特色畜产品生产基地建设标准，通过引入畜产品生产三废化污技术，进行关键技术研发和技术集成，建立示范性生产单元。

（3）建立土著化特色畜产品干扰监测体系，通过已经建立和筛选出的特色畜产品，进行外源基因、外源添加剂监测标准和技术的建立，完善以排除外界干扰为目标的监测制度和技术体系。

（4）研制饲草源质量控制制度和技术体系，以示范点为配置对象，通过技术人员培训、装备引进，建立饲草源质量控制示范样板。

（5）综合以上技术体系以及功能食品研发，建立黔西北无污染、低排放特色家畜生产体系、技术规范和质量标准。

6. 黔西北特色畜牧业产业体系能力建设与示范

构建基于乡村为单元的数据库模块，分别形成单机版和网络版的信息查询系统，以满足农牧民、不同级别政府部门、专业人员获取所需信息的需求。通过评估不同地区社会群体生产和生活条件，制订非均衡发展战略。主要任务有：

（1）明晰畜牧业发展主要因素在各县域内的趋同和差异，制定不同的发展策略。

（2）构建土壤、气象、地形、灌草丛、适宜牧草、适宜家畜的空间数据库。

（3）编制草地畜牧业适应性管理的指导手册，满足不同部门和个人的需求。

（4）遴选具有培育成产业带头人潜力的农牧户，制订非均衡发展战略。

（5）通过以点带面、以户示范村的方式，提高农牧民管理草地畜牧业的能力。

（三）开发建设的总体技术路线

1. 基本思路

建设喀斯特山区特色生态畜牧业体系的基本思路是：特色畜牧业发展以生态为核心，畜牧业发展以“草”为基础，多民族聚居区发展以“特色产业+非物质文化遗产”为背景，以提高特色产业管理体系能力建设为项目出口，是特色生态畜牧业体系“草—畜—人”项目管理的科学发展观。

（1）坚持“灌、草”为黔西北山区生态、经济发展之根本。灌、草的生态功能是保水，经济功能是饲草及非常规饲草之本，灌、草合理开发是生态特色畜牧业的基础。

（2）坚持以“特、土”理念与该区特殊非物质文化开发配套。发展特色经济，特色畜牧业是重要环节，需结合自然科学和社会科学在特色产业上发挥的功效。

(3) 坚持开发乡土产业。乡土产业具有巨大的市场潜力，在区域发展特别是多民族聚居山区发展上具有巨大开拓价值。

因此，坚持以特色家畜产业开发为目标，以生态畜牧业整体发展为核心，以调控产业体系为中心，逐步完成“草—畜—人”在特色畜牧产业逐步发展中的科研任务。

2. 基本技术路线

通过开发黔西北地区山地特色生态型畜牧业关键技术，建立黔西北生态、环境状况动态监测和生态补偿标准、方法集成体系；以示范为依托，发展西南岩溶地区“草—畜—人”平衡管理和可持续发展调控技术体系，构建科学的黔西北生态环境和社区和谐发展管理理论与方法体系，为黔西北环境治理、社会发展提供技术支撑，为国家针对西南山区生态、经济建设大战略实施及后期管理提供科学依据。

三、特色生态畜牧业体系建设的主要内容

根据黔西北目前畜牧业发展进程，考虑实施过程中所必需的科学基础问题及亟待解决的关键技术，在灌草丛资源（特色畜产品的乡土资源依赖性）→特色家畜基因开发→功能性产品（特色畜产品升级）→农牧系统耦合效益放大（特色产品扩大生产需求）→健康生产安全保障（健康质量体系和环境友好型生产模式）→特色畜牧业能力建设（产业管理市场开发体系保障性建设）等六大方面进行课题设置，每个课题都包含基础性研发与推广示范。主要研究内容设置为：黔西北高原灌草资源合理开发及非常规饲料研发与示范；黔西北家畜特色基因挖掘、高效养殖技术研究与示范；黔西北功能性畜产品开发与产业示范；黔西北农—牧系统耦合模式研究与示范；黔西北健康—环境友好型特色畜牧生产体系研究与示范；黔西北特色畜牧业产业体系能力建设与示范。

（一）黔西北高原灌草资源开发及非常规饲料开发

1. 开发目标

（1）利用 3S 技术对黔西北高原的资源利用现状进行动态监测，评价草地生态系统的环境容纳量和生态承载力，制定区域内林—灌—草—农适宜性总体规划和草地资源分区利用规划，建立草地资源时空动态遥感监测与数字化管理信息系统。

（2）综合应用生物学、生态恢复学、经济管理原理，研究灌草植被资源的培育利用技术、退化草地恢复与持续利用管理技术、低成本人工草地建植

技术和灌草资源营养补偿与转化利用技术，建立草地资源可持续利用的集成技术体系和试验示范基地，为岩溶地区草地资源的合理利用与生态恢复提供理论和方法。

（3）依据“高山—中山—河谷”的环境与植被特征，结合区域总体规划和草地资源分区利用规划，因地制宜地建立适于不同家畜品种生产的灌丛—草地—非常规饲料的复合生产体系，建立生态安全前提下的草畜季节平衡和农牧区空间耦合饲养模式，研发多营养饲料舔砖和微量元素添加技术，从饲料生产过程中提升特色畜产品的品质，为生态畜牧业的发展提供基础保障和技术支撑。

2. 主要考核指标

（1）“林—灌—草—农”适宜性总体规划和草地资源分区利用规划图 1 套，草地资源时空动态利用的数字化管理信息系统 1 个；

（2）退化草地恢复试验示范区 500 亩，人工草地建植试验示范区 500 亩，灌草丛草地的培育利用试验与示范区 200 亩；

（3）选育适宜本地的牧草组合 2~3 套，灌木品种 3~5 个，野生优质牧草 3~5 个；

（4）有害生物防治综合技术 1~2 套，多营养饲料添加技术 1 套和微量元素添加技术 1 套；

（5）人工草地经济合理施肥量方案 1~2 套，灌草资源营养补偿与转化利用技术 1~3 套；草畜季节平衡和农牧区空间耦合饲养模式示范区 1~2 个，草地畜牧业复合生产体系 1 套，草地畜牧业生态经济效用评价方案 1 套。

3. 主要开发研究内容

（1）黔西北高原草地资源的动态监测评价与规划

草地生态环境遥感动态监测；灌草植被群落分类及其系统镶嵌体组成规律及空间格局分析；草地生态系统环境容量和生态承载力评价；“林—灌—草—农”适宜性总体规划和草地资源分区利用规划；草地资源遥感动态与数字化管理信息系统研发。

（2）退化草地恢复技术研究与示范

草地退化成因、特征、过程及退化机理研究；不同退化程度草地恢复措施和管理对策研究；草地有害生物防治综合技术研究与示范。

（3）低成本人工草地建植技术研究与示范

野生优质牧草资源选育；人工草地管理风险评估及对策研究。

（4）灌草丛草地的培育利用技术研究与示范

岩溶地区速生先锋豆科灌木、藤本植物的培育；退化灌丛草地复壮技术研究与示范；灌丛草地利用技术研究与示范；灌草资源营养补偿与转化利用技术研究。

（5）草畜季节平衡和农牧区空间耦合饲养模式研究与示范

高山山羊生产系统平衡研究与示范；中山绵羊生产系统平衡研究与示范；河谷特种动物养殖系统研究与示范；空间耦合饲养模式的研究与示范；多营养饲料舔砖和微量元素添加技术研究；草畜间营养平衡模式研究与示范；草地畜牧业优化生产模式研究；草地畜牧业生态经济效用评价。

（二）黔西北家畜特色基因挖掘、高效养殖技术开发

1. 开发目标

（1）综合应用家畜遗传育种学、畜牧学、管理学和经济学理论知识进行黔西北高原家畜特色遗传基因开发与高效养殖技术研究，收集并建立家畜遗传基因信息数据库，开发家畜特色基因，进行家畜遗传育种和高效养殖技术体系研究，建立特色家畜繁殖和高效养殖的产业化基地。

（2）对黔西北高原家畜特色基因进行系统检测和分析，阐明家畜特色基因种类、数量和分布特性，以家畜特色基因为基础，进行家畜新品种选育，为特种家畜繁殖基地的建立提供技术保障。

（3）综合应用家畜饲养管理配套技术，进行草畜不同季节间营养平衡和饲养管理模式研究；实现家畜饲养从数量型向生态生产质量型转化，建立特种家畜繁殖基地和高效养殖的样板区，为西南岩溶脆弱区生态环境的保护和恢复以及当地群众脱贫致富奔小康提供技术保障和示范。

2. 主要考核指标

（1）摸清试验区家畜的种类、数量和分布特性，分析各类家畜的特色基因特性，筛选并建立家畜特色基因数据库 1 套，克隆出云贵高原动物的特色基因至少 20 个，申报专利 3~5 项；

（2）提出家畜高效养殖模式 2~3 个，草畜营养平衡模式 2 个，家畜不同生长期营养需求标准 1~2 个，建立草畜高效生产试验示范区 2 个，实现家畜养殖从数量型向生态生产质量型的转化；

（3）研制试验区主要家畜（山羊和肉牛）体况评价的综合技术体系 1 套；

（4）集成已有草畜系统生产模式和技术，提出家畜高效养殖的技术体系 1 套；

（5）研制出良种家畜营养需求和高免疫力水平的配合饲料配方 2~3 个，提高家畜免疫力 10% 左右；

（6）开发家畜特色基因 2~4 个，利用特色基因选育家畜新品种 1~2 个，使家畜生产力提高 5%~15%，农民收入增加 15%~25%；

（7）培养和建立一支稳定的、高水平的、年龄结构合理的科研、示范、生产、技术推广队伍，培养基层科技推广人员30名左右。

3. 主要开发研究内容

（1）家畜特色基因检测与分析

通过家畜特色基因种类检测、筛选和系统分析，为家畜新品种选育提供具有潜力的特种基因。主要包括：

①家畜种类、数量和分布特性调查与评价分析；

②家畜特色基因种类检测、鉴定和筛选；

③家畜特色基因开发潜力综合评价；

④家畜特色基因数据库建立。

（2）特色基因克隆与筛选

克隆贵州白山羊、黔北麻羊、贵州黑山羊、榕江小香羊、威宁黄牛、大方安化黄牛等贵州地方优良品种的特色性状主基因的序列，并将上述克隆出的基因序列通过电子PCR对目的DNA序列进行特定的基因组图谱定位分析，初选研究对象特色性状的分子标记基因；再根据分析结果设计目的特色性状基因的引物，在该研究对象中鉴定其特色性状的分子标记基因，并构建遗传连锁图谱；进一步筛选适用于贵州白山羊、黔北麻羊、贵州黑山羊、榕江小香羊、威宁黄牛、大方安化黄牛等贵州地方优良品种特色性状标记辅助选择的分子标记方法及专用引物。

（3）利用家畜特色基因进行家畜新品种选育

利用家畜特色基因，应用家畜遗传育种学综合技术，进行家畜新品种选育，以开发家畜的特色基因。主要有：

①现有家畜数量、种类和畜群结构分析；

②现有家畜改良技术体系研究；

③含特色基因的家畜生长生产性能评价；

④家畜繁殖特性分析与新品种选育。

（4）家畜体况综合评价体系研制

通过家畜生长表现特性系统检测，建立家畜体况评价体系，以客观评价家畜的生长和繁殖特性。内容包括：

①现有家畜体况评价指标的收集和对比分析；

②主要家畜体重和日增重及其与家畜体况的关系；

③主要家畜生长与繁殖特性比较分析；

④家畜体况评价的综合指标体系的建立。

（5）草畜系统平衡的指标体系及调控技术研究

分析黔西北岩溶地区家畜饲养和管理技术体系主要问题，利用当地饲草料资源，研制良种肉羊日粮需求的全价配合补饲料，进行草畜间营养平衡模式及调控技术措施研究，建立草畜系统评价指标体系。主要内容有：

①当地饲草料资源种类的调查和养分分析；

②利用当地饲草料资源，研制良种肉羊日粮需求的全价配合饲料；

③主要家畜各生育期营养（蛋白质、能量和矿物质元素）需求和补饲体系（含补饲料、补饲量、补饲时间等）建立；

④草畜系统平衡要素分析及调控措施；

⑤草畜平衡模式研究。

（6）家畜高效养殖模式研究与示范（特种家畜示范基地建立）

集成已有家畜养殖技术，应用综合管理技术措施，提高个体家畜生产水平，实现数量型畜牧业向生态质量型畜牧业的转化。研究和示范内容包括：

①不同日粮水平下，家畜生长、生产特性和免疫力水平；

②不同管理水平下，家畜生长、生产特性和免疫力水平；

③不同日粮和饲养管理水平下，家畜生长、生产特性和免疫力水平；

④不同日粮和饲养管理水平下，家畜排泄物营养损失及环境污染监测；

⑤家畜生产力主要影响因素及评价指标分析；

⑥家畜高效养殖模式及综合技术体系研制。

（三）黔西北功能性畜产品与产业开发

1. 开发目标

（1）通过对该地区特有畜种资源乳肉功能因子的研究，揭示特有畜种的功能性食品研究开发方向。

（2）通过动物实验研究验证该功能性畜产品的生理调节功能，探明功能因子的化学结构、稳定形态、含量和作用机理，确定技术规程和工艺体系。

（3）通过与企业合作，开发生产特有畜种功能性畜产品，提高当地特有畜种价值，促进地区经济发展，使当地特色畜牧业实现产业增值，挖掘当地特色畜种潜在的经济价值，实现农民增收，促进优势资源向优势经济发展。

2. 主要考核指标

（1）找出特色家畜乳肉中功能因子 3~5 种，确定功能因子的加工提纯技术；

（2）确定影响当地特色家畜乳肉中功能因子的因素和提高其含量的途径；

（3）形成不同类型功能性畜产品规范生产关键技术规程和工艺体系 2~3 套；

（4）形成提高乳肉中功能因子含量技术体系 2 套；

（5）研发功能性乳制品 1~2 种，功能性肉制品 1~2 种；

（6）建立“农户 + 企业”功能性畜产品生产示范基地 1 个。

3. 主要开发研究内容

（1）特色家畜乳肉畜产品常规营养成分及功能性营养因子的研究

分析特有畜种资源威宁黄牛、大方安化黄牛、威宁绵羊、贵州半细毛羊、贵州黑山羊、黑马羊等乳肉营养特征，分析功能因子—抗氧化维生素和矿物质类、活性多聚糖、活性肽、活性蛋白质、多不饱和脂肪酸、乳酸菌等的含量动态，揭示毕节地区功能营养开发的潜力。

（2）乳肉畜产品中特定功能因子的结构、功效研究

分析确定特色家畜乳肉畜产品中功能因子后，通过化学实验分析功能因子的结构特征，并通过小鼠实验进行功能因子的功效、影响当地特色家畜乳肉中功能因子的因素和提高其含量途径的研究。

（3）乳肉功能性产品产业开发技术研究及示范推广

通过科研实验论证确定的功能因子和特征，进一步通过室内实验确定产品加工提纯技术和工艺流程，并通过牧户企业合作示范推广。

（四）黔西北农—牧系统耦合模式开发

1. 开发目标

（1）通过将组成当地农业生态系统的各关联成分（亚系统）生产过程的各个关键环节进行调控与有机整合，优化组分结构和植物性利用模式，使其达到耦合效应，使当地农业生态系统功能放大。

（2）通过课题实施有效地恢复当地生态系统本身固有的生产潜力，并提高生态系统生产潜力。

（3）发展植物营养体农业，建立稳固的优质饲料作物生产基地，着力将种粮养畜转变成种草养畜或种料养畜。

2. 主要考核指标

（1）建立饲草料生产与利用的技术示范体系，以草定畜的生态经济理论和技术规范，农—牧系统间实现耦合效应的实用技术体系，草地农业生态系统耦合的资源高效利用模式；

（2）将黔西北地区农—牧系统潜在的耦合效应转变为现实的耦合效应的技术路线和技术途径；

（3）天然草地与灌丛的恢复增加产量 50% 以上，优质高产人工草地的建植亩产草达到 4000 千克，作物单位面积产量提高 20%；

（4）建成良种场选育基地，存栏核心群 100 头以上，建成肥育场，存栏 500 头，建成饲料基地，面积 5000 亩，在现有基础上，家畜数量增加 25%，

农业经济收入提高 100%~200%。

3. 主要开发研究内容

（1）建立农作物与家畜动物之间的耦合关系

农作物生产过程形成的秸秆、糠麸、残茬用作饲料和放牧；家畜动物排泄的粪便用于农作物生产肥料。

（2）建立灌草丛植物与家畜动物之间的耦合关系

灌木植物提供的可食生物量；草本植物提供的可食生物量；为促进灌木可食生物量提高，每年可以适当刈割部分，以促进其生长。

（3）建立微生物与植物枯枝落叶、人畜粪便的耦合关系

饲料青贮用以提高饲料质量；生产沼气（仅在温度适宜的夏季）及产生的残渣用作农田或者草地的肥料。

（4）补偿物质输出的损失及三个体系建立示范

输入肥料、种子、劳力、技术知识，建立优化的农业生态系统；研究建立植物性生产体系（植物生产与饲草料生产）、动物性生产体系（依赖于各种植物产品的动物生产，输出畜产品）、微生物生产体系能量、物质耦合模式与示范。

（五）黔西北健康—环境友好型特色畜牧生产体系建设

1. 开发目标

（1）以特色畜牧生产研发体系、生产企业为研究核心，增进健康畜产品生产体系整体能力和关键环节检疫技术和模式。

（2）针对畜牧业生产产业体系中畜牧产生的污染源，进行针对性研究，研发降低污染排放的技术，以示范点为工作目标进行生产单元改造，增进其环境友好型生产水平。

（3）以农牧户为特色畜牧业产业资源原产品提供单位，进行健康产品生产制度和技术研发，建立安全监控制度，在示范点内建立以乡镇为基础的安全监控体系。

2. 主要考核指标

（1）建立黔西北特色畜牧业生产体系安全产品监控制度和模式；

（2）建立畜牧业生产企业动物产品生产源和处理终端疫病检测体系 1 套；

（3）以乡镇为单位完善畜产业健康监控体系，并建立 1 个示范点；

（4）针对当地地形、气候，开发 1 套畜产品生产企业降低排污水平的实用技术；

（5）环境友好型畜产业技术和理论培训 50 人次，培养青年人才 20 人；

（6）黔西北特色畜产业实施技术规范和规划各1套。

3. 主要开发研究内容

（1）特色畜产品生产投入品标准研制

根据确定的畜产品研发目标，对投入的生产源、中间环节投入品，包括防疫药品、添加剂、风味剂、包装辅助用品等标准进行研发，并建立生产规范。

（2）环境友好型特色畜产品生产基地建设标准与示范

以低排放三废为目标的特色畜产养殖和加工基地是现代集约化畜牧产业发展的目标，通过减排目标约束设计方法，实现当地家庭、集体单元以及集约化生产单元，通过引入畜产品生产三废化污技术，防止污染源扩散为设计目标，进行关键技术研发和技术集成，建立示范性生产单元。

（3）土著化特色畜产品外界干扰监测体系建立

土著化特色畜牧产业是当地特色畜牧业发展的一个重要目标，通过已经建立和筛选出的特色畜产品，进行外源基因、外源添加剂监测标准和技术的建立，完善以排除外界干扰为目标的检测制度和技术体系。

（4）饲草源质量控制制度和技术体系研制

针对本地和外调饲草源，建立针对本特色畜牧产品生产的质量监控制度和检测技术体系，构建检测技术标准和技术规范；以示范点为配置对象，通过技术人员培训，装备引进，建立饲草源质量控制示范样板。

（5）无污染、低排放的特色畜产品质量标准和操作技术规范

综合以上技术体系以及功能食品研发技术，建立黔西北无污染、低排放特色家畜生产体系、加工体系的操作技术规范和质量标准，建立土著化特色畜产品质量标准，围绕各专题的示范点建设，建立示范样板，为实现生态型畜牧业提供安全保障。

（六）黔西北特色畜牧业产业体系能力建设

1. 开发目标

（1）采用3S技术构建基于乡村为单元的数据库模块，分别形成单机版和网络版信息查询系统，以满足农牧民、不同级别政府部门、专业人员获取所需信息的需求。

（2）通过评估不同地区社会群体生产和生活条件，制定非均衡发展战略，一个村培育一个产业发展带头人。

2. 主要考核指标

（1）提出不同县域限制畜牧业发展的现存因素和潜在因素；

（2）建立数字化草地畜牧业适应性管理信息系统；

（3）每县培育一名草地畜牧业适应性管理信息系统技术服务人员，每乡培育一名产业发展带头人，每村培育一户示范户。

3. 主要开发研究内容

（1）查清威胁黔西北地区草地畜牧业发展的因素，对各因素威胁贡献率进行排序，明晰畜牧业发展主要因素在各个县域内的趋同和差异，以便制订不同的发展策略。

（2）构建土壤、气象、地形、灌草丛、适宜种植牧草、适宜养殖家畜的空间数据库、知识库；根据坡度、坡向、湿度和土壤类型间的关系，划分牧草适宜栽培的地域；根据人口、社会经济发展水平、家畜种类，划分家畜适宜养殖的地域。

（3）以县域为单元，创建基于3S技术的草地畜牧业适应性管理信息系统，并将该系统制作为单机版和网络版，同时编制草地畜牧业适应性管理的指导手册，满足不同部门和个人的需求。

（4）评估不同社会群体的生产和生活条件，遴选具有培育成产业带头人潜力的农牧户，制定非均衡发展战略。

（5）通过不同方式和规模的培训，对不同的农牧户制定相应的能力建设战略，以点带面，以户示范村的方式，提高农牧民管理草地畜牧业的能力。

四、体系建设的组织措施及实施对策

（一）必要的支撑条件、组织措施及实施方案

1. 必要的外部支撑条件

对我国黔西北喀斯特山区扶贫、生态建设、环境管理调控，必须给予充分的经费保障。坚持国家、地方、集体的多元投资渠道筹集资金。经费来源可采取下述方式：

（1）政府拨款；

（2）项目依托国家黔西北建设工程相应比例的科技经费；

（3）部门、团体、企业参与项目合作的投入；

（4）海内外各类基金和赞助。

2. 体系建设单位建议

生态型畜牧业发展是一个涉及面很广的综合性课题，需要在有关政府部门的支持领导下，多学科、多部门协调行动，黔西北经济发展和生态建设工作才能获得成效并持续协调发展下去。各级政府要有高度的历史责任感，把黔西北生态畜牧业发展作为一件大事，列入议事日程，切实加强领导，精心组织，各司其职，协调行动，抓好管好，采取有效措施，保证项

目的实施。

3. 组织实施方案与管理措施

黔西北喀斯特山区特色生态畜牧业体系建设的实施应由贵州省组织成立项目领导小组和技术专家组。领导小组主要负责项目协调和管理，技术专家组负责课题招标、研究内容的检查评估、技术咨询、学术交流等工作。项目领导小组下设项目办公室，项目办公室负责日常管理工作，包括计划落实、检查监督、总结交流、评估验收等。技术专家组进行科学论证，发挥科研人员和实施部门与各级政府科技主管部门的作用，充分论证项目目标与研究内容，将黔西北生态环境管理迫切需要解决的科技问题与前沿研究有机结合起来，明确黔西北生态畜牧业建设技术的创新方向和预期成果。

项目论证成熟、启动后，按照公开、公平、公正的原则，由科技部公布项目指南，科研单位和大专院校以及各级政府科技主管部门组织科研人员进行课题申报。由科技部组织专家进行认真评议，严格审查其研究内容和技术路线的可行性，最后确定承担单位。实行课题制和专家负责制，各课题成立业务领导小组和技术专家组，强化项目和课题的目标管理。建立完善的组织管理办法，实行激励竞争和动态管理运行机制，实行项目年度检查评估，加强对项目、课题实施的检查监督和目标考核，实行奖罚兑现，确保各项技术、人员、资金及时落实到位。建立项目内交流机制，定期举办学术交流与检查，及时总结经验，保障项目的顺利进行。

4. 企业参与、产学研联合机制

研究内容与国家西北地区整体开发建设项目的实施、区域开发与生态产业发展结合，为企业和农牧民参与创造条件，争取企业投资和农民合作。鼓励课题组由科研院校的科技人员与企业中的科技人员共同组成，实行科、企双负责人制，设立平行组长，加强科技单位与地方、企业的合作与力量整合。

（二）体系建设实施风险分析与对策

黔西北喀斯特山区特色生态畜牧业体系建设成功的风险主要表现在技术风险、管理风险与市场风险三个方面。

1. 技术风险分析与对策

为了减少与避免技术风险，在特色生态畜牧业体系建设组织中，将择优确定具有良好研究基础的科研机构承担各相关课题。在项目实施前，要求承担单位对技术路线进行严谨设计，并严格审核。在项目实施过程中，加强各课题阶段考核，实行滚动管理。各课题间应加强合作与交流，及时总结成功经验，保障研究与示范顺利进行。成立高水平专家组，对课题实施进行咨询与评估。

2. 管理风险分析与对策

黔西北特色生态畜牧业体系建设的集中性强，但设计对象繁多，项目实施涉及整个黔西北地区各种生态类型区，黔西北各个县市，多个部门及众多研究单位，管理、协调难度较大，项目的管理与执行能力的强弱对项目能否取得预期成果具有重要的甚至决定性的影响。为了减少与避免管理风险，将采取如下措施：

充分发挥黔西北地区主管部门的管理职能和协调作用，促进课题之间的学术交流与合作；积极发挥专家组的咨询与指导作用，及时解决项目实施中的技术难点；加强课题组同地方政府部门之间的合作，保证示范工程的顺利实施。

3. 市场风险分析与对策

黔西北特色生态畜牧业体系建设的典型的公益性特征使项目研究成果的市场风险很低。但项目中，由于黔西北地区经济发展问题突出，使特色生态畜牧业发展瓶颈问题解决面临较大的经济风险和市场问题，也将影响示范项目能否达到预期目标。根据我国对科技项目转化和示范可持续性发展中存在的问题，在项目存在的市场风险中，本项目在实施过程中将根据黔西北社会发展水平提供科学成果，并着力进行科学成果的社会推广工作，培训社会推广工作人员，确保本项目在实施过程中得以顺利进行，并建立一套适合牧区科技推广的技术体系，来应对本项目的市场风险。

具体采取如下措施：

（1）充分发挥项目管理机构职能和协调作用，促进课题之间的合作；

（2）积极发挥专家组顾问、指导作用，针对市场变化来解决难点；

（3）强化课题与政府的规划性联结，有利于课题的长期性投资和示范；

（4）加强课题人员的社会推广能力建设，尤其是在少数民族牧区的沟通和协调能力，来适应少数民族牧区社会发展需求；

（5）积极与市场评估体系和市场监测体系协作，强化课题的未来市场应用性。

第三节　西南喀斯特山区草地农业生态系统工程建设

进入信息化和数字化时代，草地农业生产要适应社会经济的发展，首先要转变传统的生产模式，建立草地农业系统工程，用新技术、高科技系统地发展草业生产，这是目前草地农业生产研究的主要任务。

草地农业生态系统工程是以草地生产业为主要内容，结合农田、林地、水域、加工、信息系统等多种资源和产业共同完成，并以畜禽为生产手段或纽带的现代系统化、精准化的产业。西南喀斯特地区自然条件复杂，资源丰富，发展潜力大，有很丰富的饲草资源和良好的社会经济条件，在此基础上利用现代高科技知识，建立草地农业系统工程，发展南方精准养殖业，提高资源利用率和生产效益，最终达到开发闲置资源、增加畜产品产量、减轻北方草原压力之目的。

一、草地农业生态系统工程的概念和结构

（一）草地农业生态系统工程的概念

草地农业生态系统工程是由多种自然资源与加工系统、信息系统复合而成的自然与人工农业生态系统工程，它以草业生产为主要内容，以动物为纽带，在信息系统协调下，实现由植物的第一性生产向动物的第二性生产高效率的转化，进行“土地—植物—动物—畜产品—加工”等流程，最终形成消费品的生产过程。

发展知识密集型草产业，即以草原为基础，利用日光能量合成牧草，然后用牧草通过牲畜，通过生物、化工、机械手段创造物质财富的产业。草业生产不仅只限于草原和家畜本身，也不仅仅是利用草原发展放牧畜牧业的产业，而是通过物理、化学、生物、机械等多种科技手段，多结构、多层次，尽可能地利用饲草资源为人类创造更多的物质财富。因此，草地畜牧业是知识密集型的集成大农业于一体的产业。

（二）草地农业生态系统工程的结构

草地农业生态系统工程结构是指草地农业生产系统工程内部的组成要素，以及各要素之间在空间和时间方面有机联系或相互作用的基本框架，每个组成要素也是一个子系统，而且草地农业系统的结构随空间、时间变化也有差异。例如，西南喀斯特农区草地农业系统工程、丘陵—平原草地农业系统工程、山区草地农业系统工程等，在时间上有冷季草地农业系统工程和暖季草地农业系统工程的区别。

草地农业系统工程内部各子系统或要素之间关系十分密切，结构要素的大小、多少、质量决定着系统的功能和整个系统的质量。结构中每一要素的变动都会影响到系统功能和质量的变化，以及影响到最终生产和产品的形成。简单的例子是植物生产子系统的组分、质量、数量以及时间的波动曲线，必然影响到养殖子系统的组分、质量、数量的变化，也影响到加工子系统的组分、数量、质量的变化，因为它们互为能源供应系统和消费系统，缺一不可。但每

个要素都有相对独立的循环和生产系统，而且一些因素是人为控制不了的。

二、草地农业生态系统工程的特点

（一）草地农业生态系统工程的基本特点

草地农业生态系统工程的基本特点是具有多目标性、开放性、多层次性和动态平衡性。开放性的特点是各子系统、要素、组分、层次等之间得以获得物质与能量，系统本身或人们在从事生产劳动中为了获取产品，必然要先输入一定量的物质与能量，物质与能量输入的同时，也得到了物质与能量的输出。在正常情况下，输出的质量与数量是随输入的质量和数量确定的，如果一个系统中某一个组分或要素不合理，其输入与产出就不成比例。

（二）草地农业生态系统工程的生产特性

草地农业生态系统工程具有多系统、多结构、多层次和复合生产的特性，在自然循环和生产过程中，其系统内部的结构合理，层次分明，井然有序。在系统中从每单个因子到各层次，以及整个系统都在自然不断地磨合下发挥着最大作用，使其达到最佳效果。因此，草地农业生态系统工程的生产效益并不是各单个因子和几个层次效益的简单相加之和，而是大于相加之和。

草地农业生态系统工程研究的内容也不是简单地分解和相加各子系统，而是研究整体结构中的整体功能。如养殖业系统的生产，从植物的初级生产开始到“饲草—畜禽—畜产品（肉、蛋、奶、毛、皮、粪便）—加工—消费—微生物”等，各环节的生产受制于整个生产系统，即各子系统或要素的生产与整个草地农业系统具有动态平衡性。这就要求整个草地农业系统工程的生产与管理要有高科技的信息系统支撑才能较好实现整个系统的高质量、高效益，传统的草地生产方式和家庭养殖业是不可能达到这个目标的。

（三）草地农业生态系统工程与开发喀斯特山区草地资源的相关性

西南喀斯特山区虽然水热条件比北方好，牧草生长快，产量高，但草质粗糙，群落成分单一，缺乏豆科牧草，营养价值低，发展畜牧业仅靠野生牧草肯定不行。如大面积搞人工草地，又受很多条件限制：一是草山草坡的坡度大，低于15°的可耕坡地只占草地面积的7%~12%，其余均是只能放牧利用和割草利用的陡坡地；二是人工草地容易退化，根据我们在江西省千烟洲的试验分析，人工全垦播种的草地，如果不利用或利用不合理，第三年人工牧草在群落中所占比例会下降到18%~23%，第五年会降至5%；三是仅靠开发草地资源养殖业很难获得高效益。

所以，西南喀斯特山区草山草坡牧草资源的开发利用，只能是草地农业生态系统工程的一个部分或一个环节。要想发展喀斯特山区畜牧业，首先要摆脱北方草原畜牧业的模式和影响，从南方良好的环境和现代科技条件出发，走适宜信息化的草地农业系统工程道路。草地农业系统工程是建立在耕地资源、植物资源、水体资源、畜种资源、产品加工、计算机信息系统、商品贸易、社会经济等大协调基础上的综合产业，仅依赖某一个方面都难以达到目的。

三、建立草地农业生态系统工程，发展精准养殖业

（一）喀斯特山区草地农业生态系统工程可行性分析

1. 喀斯特山区发展草地畜牧业的积极作用

在西南喀斯特山区广大农区建立草地农业生态系统工程，发展精准畜牧养殖业，对喀斯特山区的农业生产、牧业生产、资源利用、生态环境保护以及土壤的微生态系统都具有积极的作用。

一是能充分合理而有效地利用农业生产中的副产品（如作物秸秆等），使农业生态系统的能流和物流得到高效循环利用；

二是将各种饲草饲料的营养成分与各种畜禽的不同生长发育期对营养的需求利用信息系统准确配比，能以最高的资源利用率和生产率进行畜产品生产，减少浪费，不破坏环境；

三是大量发展精准养殖业后，产生的肥料返还到土壤中，可改良较贫瘠和易板结的红壤。

2. 喀斯特山区饲草料资源的潜力和优势

从饲草料资源的拥有量和潜力分析，西南喀斯特山区所具有的优势如下：

（1）草地系统

南方喀斯特山区有 0.667 亿公顷的草山草坡，其中坡度低于 15°、可供开发成人工草地的草坡约 0.05 亿公顷，河滩、谷地、草山、林缘生长的高大禾草除直接放牧采食外，可加工成粗纤维饲料，其潜力很大。

（2）水田系统

南方有水稻田 0.2 亿公顷，可种植冬作物的有 0.133 亿公顷，尚有数百万公顷未被利用。稻田传统耕作模式以“早稻—晚稻—油菜”或“早稻—晚稻—绿肥”为主，如将其调整，大力发展玉米、小麦、甘薯、大麦、豆科作物等作为冬作物多熟复种结构，那么饲料作物生产量、饲料产量、营养价值均比稻谷高。

（3）旱地系统

西南喀斯特山区气候资源优势利于发展一年多熟的复种结构，一般≥ 10℃

积温在4000℃~5000℃之间，降水量1000毫米以上，基本能满足农作物多熟种植的要求，利用南方0.133亿公顷的旱坡地实行套作，搞一年两熟、三熟制，其单位面积增产潜力约0.5~1倍。云、贵、川、湘、鄂、浙每年示范推广带状轮作多熟制，粮食产量为1875千克/亩，青饲料为2.25万千克/公顷。即在同等条件下，只要增加科技含量，就可获得比普通种植方法至少高出50%的经济效益。旱地系统是西南喀斯特山区发展草地农业系统工程的主要系统之一。

（二）喀斯特山区草地农业生态系统工程建设模式

1. 水土保持型生态农业模式

（1）经营模式

该模式包括三方面内容：

①逐步改造现有耕地，增加梯田、梯地，提高粮食单产和粮食总产。对坡度为15°~25°的旱坡耕地，应大力推广生物梯化技术，在生物篱之间采用横坡等高种植、水平沟种植、地膜覆盖等水土保持技术措施，种植粮食或经济作物、牧草，建立农林（果）、农牧复合生态系统，通过生物篱阻拦水土流失、收割树叶或秸秆还田。

②大力营造水土保持林，改良草场，增加经济林的比重，促进农村经济发展。

③控制非生产用地的比重。

（2）配套技术

配套技术主要包括生物篱种植技术、树叶收割技术和秸秆还田技术等。

其中，秸秆粉碎还田作业的操作要点为：

①秸秆还田要适量。全部秸秆都用于还田，会出现烧苗现象，秸秆还田总量一般应控制在秸秆总量的50%~60%。

②水田水层要控制。机组作业时，如果水层太浅或无水层，就出现刀滚拖板粘泥及机具作业负荷过大等现象；水层过深则出现秸秆漂浮现象，覆盖效果差，埋茬率降低，给人工插秧带来一定的不利影响，因此，作业前水层应控制在2~4厘米。

③翻耕作业要适速。根据土壤的结构情况，秸秆还田量和秸秆的性质，一般田块采用两次作业的方法。第一次机具前进速度宜慢，旋耕深度略浅；第二次速度可稍快，旋耕深度要达到预定的要求。

④化肥搭配要巧施。在秸秆还田的同时，根据土壤的肥力和农作物品种情况，适当搭配增施一定数量的氮肥和磷肥，可达到平衡养分，调整碳、氮比例，加快秸秆腐烂分解的速度。

（3）适用区域

该模式适用于贵州旱坡耕地地区、西南喀斯特半干旱区、高原小流域。

2. 小流域综合治理型模式

（1）经营模式

在生态破坏比较严重的地区，应将生物措施和工程措施相结合，以治理水土流失、防治石漠化为重点，以流域为单元进行综合治理，使被破坏的生态环境得到恢复，逐步建立以“林—草—粮、果—畜禽加工”为主要内容的产业系统。

（2）配套技术与适用区域

该模式配套技术主要包括畜禽养殖技术、果树栽培技术、粮食种植技术、农产品加工技术等。

适用于贵州喀斯特地区和我国南方丘陵山区水土流失比较严重的地区。

3. 立体农林复合型模式

（1）经营模式

对于那些区内无地表溪流、地势高差大、生存条件极端恶劣，又无处可迁移的喀斯特山区生态环境严重失衡区，可从农田水利建设入手，发展立体农林复合型生态农业。具体做法有：

①因地造田、修建山塘、修建人畜饮水池；

②山体中上部实行乔灌草结合，种植水保林—用材林；

③山体下部种植泡桐、棕榈、花椒、香椿、杜仲、柑、桃、李等经济果药材林，并套种一年生经济作物；

④在山体坡脚砌坎修梯田。

（2）配套技术

该模式配套技术主要包括造田技术、山塘修建技术、果药材林种植技术等。其中，泡桐科学栽植技术的要点为：造林季节以 2 月下旬到 3 月中旬为好，有条件的地方亦可在秋季落叶前带叶栽植。栽植时，不宜过深，一般栽植的深度应比苗木根茎处深 10~15 厘米。有条件的，栽时施基肥，栽后要浇足定根水。为防止风吹树干摇动，可在树干基部培土堆固定。

（3）适用区域

该模式适用于贵州喀斯特地区和西藏南部与东南部海拔 2500 米以下的地区。

4. 牧农结合型模式

（1）经营模式

在适于牧草生长的温和湿热地区，特别是在一些人口密度相对较小、草地面积较大的地区发展牧农结合型生态农业，以草养畜、以畜养农，并进一步发展农牧产品的深加工业。畜牧业的发展不仅为当地种植业提供了大量肥料和资金，还为退耕还林还草、整治生态环境铺平了道路。

（2）配套技术与适用区域

该模式配套技术主要包括畜禽养殖技术、农产品加工技术等。

适用于贵州威宁、望漠、沿河等地区。

5. 林果药为主的林业先导型模式

（1）经营模式

对于一些区域位置较差、离大中城市较远且暂不具备发展乡镇企业的地区，可选择林果药业作为生态农业建设的突破口。一方面可以绿化荒山、改善生态环境；另一方面，较之传统的种植业，可以更快地增加农民收入。

（2）配套技术与适用区域

该模式配套技术主要包括果树栽培技术、药材种植技术。

适用于贵州喀斯特低山丘陵区和河南南阳盆地地区。

6. 节水农业型模式

（1）经营模式

实施“渴望工程”，推广节水农业，采用“小水窖工程”、管道灌溉等方法方式解决农业用水、人畜用水问题以及旱季的用水问题，并以节水农业带动种植业、畜牧业、林果业（花椒、板栗、香椿等）和加工业的发展。

（2）配套技术与适用区域

该模式配套技术主要包括“渴望工程”实施技术、管道灌溉技术等。其中“小水窖工程”技术的要点为：将雨季的地表径流收集起来，以备旱季使用，1个水窖可供1户乃至1组村民使用，可灌溉0.1~0.8公顷耕地。

该模式适用于贵州乃至整个西南喀斯特地区。

7. 农业生态系统优化模式

（1）经营模式

该模式包括以下几个方面内容：

①工程建设。改良土壤，增强土地生产力；加强农田基本建设，提高农业抗灾能力；加大薪炭林建设力度，促进区域生态系统的良性循环。

②调整产业结构。建立土地综合管理制度，加强水资源利用管理力度，协调、开拓农产品市场，建立农产品营销体系。

（2）配套技术与适用区域

该模式配套技术主要包括青饲料、绿肥种植技术，豆类作物栽培技术，薪炭林种植技术，农田基本建设技术等。

主要适用于西藏山南地区和河南南阳盆地丘陵地区。

8. 以沼气为纽带的生态农业模式

（1）“猪—沼—物”生态农业模式

①经营模式

以作物（主要农作物有水稻、烤烟、蔬菜、蚕豆、甘蔗等）秸秆作为猪饲料，以猪粪和部分农作物秸秆作为沼气生产原料，以沼气为能源，以沼渣、沼液为肥料，施用于农作物上，形成种植业、养殖业和沼气的有机结合。同时，建设蔬菜、花卉、养殖、粮食等特色商品基地，大力发展农业龙头企业。这样既解决了农村用能的问题，又有效治理了养殖污染，改善了生态环境，减少了化肥用量，降低了生产成本，提高了农作物品质，促进了无公害农产品生产，显著提高了综合利用效益。

②配套技术与适用区域

该模式配套技术主要包括作物施肥技术、沼气生产技术等，其中沼气池的抽料技术要点为：沼气池出料可用人力抽料器，这样不仅方便出料，还可有效排除池内沉淀，起到搅拌的作用。

适用范围是很广的。

（2）“猪—沼—林（果、茶）”生态农业模式

①经营模式

将养殖业、沼气、林业有机结合。发展养殖业，以畜禽粪便为沼气生产原料，以沼气为能源，以沼液沼渣为果树、茶树的有机肥料，将沼液施于果树、茶树枝干上能有效防止病虫害，减少化肥、农药用量，降低生产成本，发展无公害水果和茶叶的生产，保护当地植被，维护生态环境。还可在此基础上发展特色经济作物的种植，合理开发利用林业、竹藤、野生蔬菜和野生菌类等特色产品，以促进山区、半山区经济发展。

②配套技术与适用区域

该模式配套技术主要包括畜禽养殖技术、果树栽培技术、茶树栽培技术、沼液喷施技术、竹藤制品加工技术等。

该模式适用于江西吉安地区、河南南阳盆地地区、福建南平地区、云南山区和半山区、重庆三峡库区及安徽皖南山区。

（3）“花椒—养猪—沼气”模式

①经营模式

不适于发展草食型牛羊养殖业的地区，应以养猪为主要对象，其粪便既为花椒种植提供优质底肥，以提高花椒产量和质量，又可发酵沼气，解决农村生活能源问题，还有助于石漠化植被生态环境的保护、恢复与重建。同时，沼气生产过程中的废脚料如沼液、沼渣等也是种植花椒的优良有机

肥料，为石漠化地区形成“花椒—养猪—沼气”良性循环经济模式起到桥梁作用。

②配套技术与适用区域

该模式中，花椒育苗技术的要点为：以每年秋季 9~10 月份为宜，当年花椒随采随播，采取高箱育苗，苗床平整，播种量约 525 千克 / 公顷，覆土约 1 厘米，并浇水，上覆草被或秸秆，出苗后 10~20 天进行间苗，苗距保持 48 厘米。移苗造林时宜选在雨季，若冬季移苗应随时注意浇水，造林地在花江顶坛片区海拔高度低于 850 米的阳坡或半阳坡石旮旯地最合适，花椒种植株行距为 3 米 ×3 米，也可视石头山地土被的具体情况而定，种植密度应控制在 1500 株 / 公顷以下。

该模式主要适用于贵州喀斯特峡谷石漠化地区。

（4）“（稻—鱼—鸡—鸽）—猪—沼气—塘”模式

①经营模式

进行稻田养鱼、藕塘养虾，增加鸡、鸽的养殖数量，另增养 3~4 头猪。将沼气池建于牲畜棚与厕所的下方，粪污通过排污口流人沼气池；猪舍上方建鸡笼、马棚上方建鸽笼，鸡鸽粪便可加入猪饲料。另外，种植业中产生的秸秆部分可加入饲料，剩余部分和有机废弃物入池发酵。沼气不仅可供生活用能，还可用于粮食贮存等方面。产生的沼气发酵残留物可用作肥料、防治作物病虫害，沼液可浸种，沼渣可喂鱼、喂虾。

②配套技术与适用区域

该模式配套技术包括稻田养鱼技术、藕塘养虾技术、鸽笼建造技术、鸽的养殖技术、沼气池建造及使用技术、沼液浸种技术等。

该模式适用于云南中部地区、广东东部丘陵区和重庆三峡库区。

9. 生态水产养殖模式

（1）经营模式

沼气为能源、沼液为鱼饲料、沼渣为农作物和蔬菜有机肥料，建立良性循环生态水产养殖业，提高水产品的品质和产量，节约能源，增加水产养殖户的经济收入。

（2）配套技术与适用区域

该模式中，鱼塘沼肥养鱼技术的要点为：沼肥宜在晴天投放，隔 2 天投放 1 次，采取浇泼方式，于池塘全方位进行。渣肥与液肥交替投放，沼渣或沼液取出后稍搁置 10~15 分钟后入池。

该模式适用于云南坝区、重庆三峡库区和都市近郊区。

10. 一池三改基础上的生态庭院模式

（1）经营模式

以农户庭院为基础，在“一池三改”（沼气池、改厕、改圈、改厨）模式的基础上，从农民最基本的生产、生活单元内部入手，引导农民改变落后生产生活方式，使土地、太阳能和农业废弃物资源得到更有效的利用，形成农户基本生产、生活中各种资源良性循环。使用该模式的农户，能根据市场条件合理安排劳动力和资金，以养殖业为主，多途径开发庭院资源，取得良好的经济效益、生态效益和社会效益。

（2）配套技术与适用区域

该模式的技术要点为：在院坝内养鸡房、猪圈下沼气池建造技术，花卉（茶花、杜鹃花）栽培技术，畜禽养殖技术，沼气发酵技术等。

该模式适用于云南各地区、贵州喀斯特地区和重庆三峡库区。

11. 观光型农业生态旅游模式

（1）经营模式

以生态农业为基础，形成具有第三产业特征的农业生产经营形式。农业观光旅游业是以旅游观光和休闲度假为主要目的，以高科技生态农业园、生态观光村和生态农庄为主要模式，发展设施农业（连栋温室）、工厂化育苗、无土栽培等农业高新技术产业或技术示范，并加以合理联结，再配合有独特观光价值的无公害珍稀农作物、养殖动物、花卉、果品以及产品销售等内容，发展生态农业旅游业。该模式有高科技生态农业园、精品型生态农业公园、生态观光公园和生态农庄等 4 种形式。

（2）配套技术与适用区域

该模式配套技术包括设施农业技术、工厂化育苗技术、无土栽培技术、生态农庄建设技术等。

主要适用于河南南阳盆地丘陵地区、江西东部丘陵区、云南各地区和我国南方沿海、粤北低山丘陵地区、广东东莞地区、城郊经济发达区。

12. 新型山地生态农业模式

（1）经营模式

根据海拔高度因地制宜发展多层次垂直分布生态农业。海拔 500 米以下地带，重点发展水旱种植业、经济林果园、早熟蔬菜、农产品加工业以及公园农业、观光农业；海拔 500~1000 米地带发展旱地作物与猕猴桃、板栗、核桃、银杏等经济林，适度发展畜牧业；海拔 1000 米以上的高山区建立森林自然保护区、特色中药材基地、高山反季节蔬菜基地、养殖业及食用菌生产基地。

（2）配套技术与适用区域

该模式配套技术主要包括猕猴桃、板栗、核桃、银杏栽植技术，特色中药材种植技术，高山反季节蔬菜栽培技术，食用菌栽培技术等。

该模式适用于重庆大巴山、武陵山以及川东平行岭谷区。

13. 生态经济型防护林（草）模式

（1）经营模式

对于生态环境恶化、极度贫困的地区，生态环境治理既要考虑建立以生态效益为主的防护林体系和天然林禁伐，还得考虑经济效益。发展特、优经济果林和中草药基地，利用当地光热资源、土地资源，积极合理地开发利用流域的植物资源，如种植甘蔗、石榴、杧果、山毛豆、小桐子、余甘子、酸角、剑麻、板栗等经济林果（草），不仅可促进区域经济的可持续发展，还有利于保护区域生态环境。

（2）配套技术与适用区域

该模式中，板栗整地与造林技术的要点为：平缓坡地可全面整地，坡地要修筑成水平梯地，坡度大的采取鱼鳞坑整地；一般成片造林栽植密度为330~495 株 / 公顷，株行距为 5 米×6 米或 4 米×5 米。造林前应施基肥，选用2~3 年生、根系完整的大苗，栽时根茎露于地面，不宜过深；栽后灌水，再覆土封窝。

该模式适用于云南金沙江流域退耕还林区。

14. 退耕还林还草的坡耕地治理模式

（1）经营模式

实施退耕还林还草，治理坡耕地水土流失在解决水土流失和保障土地资源可持续发展中起着主导作用。在坡耕地治理过程中，按照山、水、林、田、路综合治理原则，科学规划、合理布局，选择适宜树（草）种和配置模式，同时进行以坡改梯、培肥增效的农田基本建设和水利配套建设，把退耕还林还草、改善农业生产条件同建设稳产高产基本农田结合起来，提高土地生产力。

（2）配套技术与适用区域

该模式配套技术主要包括林木种植技术、农产品加工技术、退耕还林还草技术等。该模式主要适用于云南金沙江流域退耕还林区。

第四章 区域畜牧业生态系统

第一节 生态系统及其结构

一、生态系统的概念

半个多世纪以来的生态学研究，已发展到生态系统的水平，是生态畜牧业研究的重点。英国生态学家坦斯利提出生态系统的基本概念是“物理学上使用的‘系统’整体，这个系统不仅包括有机复合体，而且也包括形成环境的整个物理因子的复合体”。“……我们不能把生物从其特定的形成物理系统的环境中分隔开来……这种系统是地球表面上自然的基本单位，它们有各种大小和种类”。

因此，生态系统是指在一定时间和空间内，生物和非生物成分之间，通过不断的物质循环和能量流动而形成的统一整体。

生态系统的重要概念，是强调系统中各成员之间在功能上辩证统一。自然界的每一个组成部分，又是一个自然整体，如森林、草原、海洋、湖泊、农田、牧场、池塘……均是不同的生态系统类型，它们各有不同的生物群落和不同的环境条件，形成各自的能量流动和物质循环，构成不同的生态系统。在生态系统内，由于复杂的食物网的存在，把生物与生物、生物与它周围环境成分，联结成一个网络式结构，网络上的每一环节彼此牵连，相互制约，维持生态系统的相对平衡状态。如果网络上的任何一个环节发生障碍，可以通过网络结构由其他部分得到调节和补偿。我们研究生态系统的动态平衡，不是为了永远保持平衡不变，而是在掌握这种动态平衡的基础上，充分认识生态系统的演替规律，以便合理利用自然资源，使生态系统向着人类所希望的高价生态系统方向发展。

因此，生态系统的中心问题就是它的结构（组成的空间结构和物种结构）、功能（物质、能量的转化效率）、生态系统的平衡和演替的特点，以及生态系统的控制。

人是生态系统中一个重要而强有力的因素，就自然属性来说，人是杂食性动物，在生态系统中属顶极参与者。正如恩格斯所说，我们连同我们的肉、血和头脑都是属于自然界，存在于自然界的。我们对自然界是能够认识并运用其规律的。因此自然的生态系统很少能像它们初出现时那样不受人类的影响，尤其在牧业生态系统中，因牧业生产是以人类活动为中心，来获取最高优质产品和最大经济效益的生产事业，故该系统是受人类控制的生态系统，是一个非闭合式的生态系统。人类引导着整个系统内的物质循环和能量流动的方向（生物种群和结构的简化，施肥、农药、饲料的输入、农畜产品的输出）。

二、生态系统的基本结构

（一）生态系统的组成成分

自然界任何生态系统均由两个部分组成：非生物部分（无生命成分）—无机环境；生物部分（有生命成分）—生物群落。

第一部分是生态系统中的生物和能量的来源，包括生命活动的三个基质，即大气圈、水圈、岩石土壤圈。土壤、岩石、沙砾和水等，是生物生长和活动的空间；太阳能、水、二氧化碳、氮等以及无机盐和有机化合物（蛋白质、碳水化合物、脂类和腐殖质等），均是生物物质代谢的材料。水、空气和土壤是生物体代谢的媒介，其中包含许多物理、化学和气候等因素。

在第二部分中，生物种类繁多，根据其获取营养和能量的方式以及在物质循环和能量流通中的作用，可分为三大类。

第一类是生产者，即能够以简单的无机物制造食物的自养生物，主要是绿色植物和一些光合细菌。它们在生态系统中的作用是进行初级生产。因为绿色植物具有叶绿素，能利用太阳能通过光合作用把吸收来的水、二氧化碳和无机盐类合成碳水化合物，把太阳能以化学能的形式固定在碳水化合物中。碳水化合物还可以进一步合成脂肪和蛋白质，这些由能源不断合成的有机物，进入生态系统后，成为其他生物——消费者和还原者的唯一的能源。

第二类是消费者，是指生态系统中的各类动物。它们不能直接利用太阳能为其生命代谢活动提供能量，必须直接或间接依赖于生产者所制造的有机质为食，属异养生物，动物根据其食性可分为二类，一类为草食动物，如牛，马、羊、兔、鹿、鹅、蝗虫以及水域中的虾、螺蛳等，为一级消费者。第二类为肉食动物。其中以草食动物为食的称为二级消费者，或称一级肉食者，如狐狸、鼬和青蛙等；以一级肉食者为食的动物称为三级消费者，或称二级肉食者，如虎、豹、鹰及鲨鱼等。杂食类消费者是介于草食性动物和肉食性动物之间的动物，如猪、许多鱼类等。寄生生物和食腐动物等，是特殊的消费者，还有很多动物的食性随季节、生活周期而改变，有时很难归入生态系统中的哪一营养级。

第三类为分解者或称还原者，属于异养生物，主要是细菌、真菌、霉菌、放线菌和某些原生动物，以及食腐性动物如甲虫、白蚁、蚯蚓和一些软体动物。它们能把复杂的动植物有机残体分解为简单的化合物归还到环境中，重新被植物所吸收利用。分解者在生态系统中的作用极为重要，其数量之多也是十分惊人的。据估算，每公顷紫花苜蓿黑钙土中，细菌的重量高达 8000 千克，一般农田土壤中每公顷也有细菌 500 千克以上；每公顷栖居生物种群的生物铅可达 25 000 千克；在温带阔叶林的枯枝落叶层中，每立方米含有 10~20 万个无脊椎动物（如线虫）、节肢动物和蚯蚓等。整个生态系统就是依靠这支庞大的分解者，使大量没有被消费者所获取的有机物释放出来，返回到环境中去，被生产者再利用。

上述三大功能类群——生产者、消费者、分解者，代表三种不同营养方式的生物，即自养生物、异养生物、腐养生物（这种划分是相对的，是生态功能上的划分，与分类学范畴不同）。它们和环境有着密切的联系，使整个生态系统的物质循环和能量流动，彼此紧密联系起来，构成一个生态系统的功能单位。

各种类型的生态系统，如水域生态系统和陆地生态系统，它们的生物种类组成和营养方式是各不相同的，但生态系统的营养结构模式（即物质循环模式），是具有普遍性的。总的来说，生态系统中的物质是处于经常不断的循环之中。能量的流动则不同，以太阳光作为能源，二氧化碳和水作为原料，形成碳水化合物并输入生态系统后，能量的流动不断沿着生产者、草食动物、一级肉食动物、二级肉食动物等逐级流动。这种能量的流动是单方向流，是生态系统的基本规律。

（二）生态系统的空间结构和物种结构

整个地球表层是由土壤岩石圈、水圈、大气圈所构成，其中适合生物生存的各圈层范围称生物圈，它是一个最大的生态系统。在这个最大的生态系统中，又包含着互相密切联系而又相对独立的生态系统，如水域生态系统和陆地生态系统等等。随着一定纬度地形、气候的影响，生物群落都有空间的垂直结构和成层现象，构成了一个具有相互依存和相互制约的结构实体，通过生产者、消费者、分解者的多维结构完成特定的物质循环和能量流动过程。

绿色植物由于对光照的要求不同，分为阳性植物（占据群落的上层空间）和阴性植物（在阳光微弱的群落下层也能生长繁殖），不同生态特性的植物，生活在不同高度，占据不同的空间，形成生态系统的地面垂直结构。地面以下的垂直结构，如根系在土壤不同深度的配置，构成了地下部分的成层现象。如森林里有高大的乔木，其林冠上层叶片得到充分光照，林冠下为各种灌木，只能利用林冠下残余的光照；通过灌木层再次减弱的阳光，才被草木层所利用。禾本科牧草有丛生型、平卧型、匍匐型和蔓生型等生长型，它们的根大部分分布在土壤上层，但也有深入土壤几米深的。而豆科牧草根的结构变动在直立型与匍匐型之间，直立型的主根非常发达，有大量次生根，如紫花苜蓿的根系透过土壤可深达 2 米；而匍匐型的茎紧贴在土壤表面，根生在节上，豆科牧草的根产生根瘤，根瘤内的固氮菌与豆科牧草、形成共生关系。这些固氮菌不仅从大气中获取自身所需要的氮，而且还供给土壤大量的氮，因此在牧草栽培上常用禾本科和豆科牧草混播来提高草地单位面积产量。

动物（消费者）生活直接或间接依赖于植物，因此在生态系统中它们的结构受植物群落所制约。在土壤中常有蚯蚓、线虫、螨类、金龟子以及蜣螂等，它们以植物的根为生。据测定，在 1 公顷草地土壤中可找到 1.44 亿个弹尾目土壤动物，重量达 750 千克，有 700 万个蚯蚓和部分鼹鼠。达尔文对蚯蚓进行了详尽研究，指出：作为蚯蚓粪排出的土粒，每公顷每年约有 17~45 吨，平均为 35 吨。蚯蚓排出的土粒有良好的团粒结构、通气、蓄水、富含养分，特别富含磷和氮，所以蚯蚓起到拖拉机耕翻土壤和撒施肥料的良好作用。以植被为生的动物，如网纹蛞蝓在夜间活动，而蝗虫对牧草的破坏力很大，蜜蜂在花朵上进行采蜜和授粉，兔以草原的植被为生，并在洞穴里繁殖。有一种达乌尔鼠兔入冬以前将大量的草丛茎的下半部咬断，晒干后堆积成直径为 50 厘米、高为 40~50 厘米的小堆，并把石块或棍棒搬压在草堆上，避免风吹散失，为过冬贮备干草。草原上这种有害啮齿类，利用各种方法改变草原群落，与家畜争食。

在家畜中，由于各种牲畜口腔结构和消化器官具有不同的特点，它们采食牧草的方法也不一样。如牛靠舌卷住草束或长的植物茎扯入口腔内，骆驼借助灵敏的下唇，能够攫取相当短小的植物，羊的上唇裂开则善于采食非常矮短的牧草，山羊善啃食灌木及乔木的嫩枝，猪的尖型嘴巴能拱取土壤下面的食物，因此它们对食草高度有选择性。这对组成合理的种群和畜群结构，实行轮牧或混牧提高单位面积饲草利用率，具有显著效果。

在种植业生产中，可以利出高秆与矮秆、矮秆与蔓生、禾本科与豆科、深根系与浅根系、单叶与复叶、对生与互生等作物在生态和形态上的不同特点，在互不争阳光、不争肥、互不相克的原则下，在单位面积上进行合理安排，以获得更多的籽实。

在水域中，不同种类的浮游生物，具有体积小、数量多、繁殖快、变动性强等特点，它们适应不同的水深度，并呈垂直分布现象。在鱼塘中，鱼类群体也呈现生物学的立体结构。鳙鱼，鳊鱼居于水体上层，鲩鱼居于中层，鲮鱼、鲤鱼居于下层，泥鳅、塘虱居于土表或土层，建立了生态学上合理的空间分布。

上面列举的空间结构和物种结构，阐明了自然界生物种群之间错综复杂的网络式结构。农业生态系统的结构受着人类意志的影响，为了充分利用自然资源，提高整个系统的生态效益和经济效益，必须使系统内各部分形成合理的比例和空间配置，使各要素之间的物质循环和能量流动畅通，构成合理的转化体系，从而提高整个系统的最佳总体转化效率。

第二节 生态系统中的能量流动

能量流动和物质循环是生态系统的两个重要规律，二者互为因果，紧密结合成一个整体，成为生态系统的动力核心。能量单向流动，物质周而复始地循环。它们在生态系统内不断地被吸收、固定、转化，不停地运动着。生态学把这种运动状态称为流。能量在生态系统中的流动，称为能流。

一、能量

太阳是一个巨大能源，它不断地向外辐射能量，其中约有二十亿分之一到达地球。太阳光照在地球上产生两种能量形式：一种是热能，它温暖大地，而且是推动大气和海洋环流的基本动力；另一种是光化学能，每秒钟太阳辐射到达地球的光能为 3.8×10^{26} 焦，相当于每秒钟燃烧 115 亿吨煤所发出的热量。光能为植物光合作用所利用和固定，形成碳水化合物，成为生物生命活动的能源。因此，没有太阳光照就没有生物，就没有能量的流动和转化，当然也就没有生态系统。

研究生态系统中生物能量的目的，在于阐明生命现象中各种能量的转换形式和机制、能量运动和结构之间的相互关系，从而有助于对生态系统中有机体结构和功能之间的本质的了解。生态系统中能量流动的转化规律是严格地遵守热力学第一定律和第二定律的。

热力学第一定律和第二定律支配着整个生态系统的能流。第一定律阐明了能量从一种形式转变为另一种形式的规律，例如绿色植物把太阳能转变为植物组织内贮存的化学能，这种能量经草食动物的代谢作用再转变为能，在转变过程中能量的总值不变，第二定律阐明了能量从一种形式转变成另一种形式是不完全的，转变的过程中总要损失一部分能量。因此，第二定律会影响和限制能量从这个营养水平传递到下一个营养水平的可能数量。大多数能被生物吸收利用于建造机体组织和器官，作为有用的功；其中的大多数又最终作为能量排出体外，或是以排泄物或粪便的形式排出体外。

二、生态系统能流过程的分析

地球上所有生物进行的各种活动，所需的能量都是直接或间接来自太阳辐射。据研究，大气圈顶部边界垂直于太阳光的平面上，每分钟每平方厘米可获得太阳能 8.12 焦，称为太阳常数。但当太阳光穿过大气、云层、尘埃时，有 38% 被反射和散射到宇宙空中，有 14% 被大气中水汽吸收，太阳辐射能到达地面照射到植物群落叶层上的只有 48% 左右，仅占太阳常数的一半。而照射到植物群落叶层上的太阳能，也并不能全部被叶片吸收。

这有限的太阳能，被生态系统绿色植物所吸收、固定。光合作用积累的能量是进入生态系统的初级能量，这种能量的积累过程就是初级生产。初级生产积累能量的速率就称初级生产力。进行能量固定的绿色植物称为生产者，它是最初的能量贮存者，是生态系统能源的基础。

初级生产的能量一部分被植物自身用于吸收而消耗，另一部分贮藏在植物体内增加本身成分。因此初级生产量有总初级生产量和净初级生产量两个概念。

净初级生产生态系统生物生产的主要环节，是人类粮食、工业原料以及家畜饲料的来源。

以生产者（植物）作为食物的草食动物（一级消费者），不可能把净初级生产量全部食用，因牛、羊在放牧或吃草时会留下草渣及咬断的植株，以及灌木、粗枝干。毒草、有特殊气味而不能采食的草，这些被称为未利用的物质。真正被草食动物吃掉的部分称为消费量或摄食量。被摄食的食物，大部分被同化，称同化量；而一部分通过消化道以粪便和尿排出，常称粪尿量。

被动物同化的能量，其中一部分用于维持机体的生命活动，这部分可通过呼吸量来测记；另一部分为生产量，具体表现为个体的生长或生殖。

三、生态效率

生态效率是能流过程中各个不同点上能量输出和输入之间的比率，是所生产的物质量与生产这些物质所消耗的物质量的比率。从能量流动来说，次一营养级的生产量与前一营养级的生产量的比率，就是次一级的生态效率。

在能流过程中，随着家畜种类和体型的大小不同，其单位面积能量代谢率是不同的。例如一头 600 千克体重的牛和一只 2 千克体重的兔，在同等体重下进行比较，兔子的代谢率比牛要大得多。

第三节 生态系统中的物质循环

生态系统中生物的生存、生长和繁殖，必须依赖于生态系统的能量流动和物质循环。但是能量流动和物质循环在性质上是有差别的，能流在生态系统中是单向，它沿着食物链向顶端方向流动。一部分能量导致次一营养熵值的增加，一部分以热的形式而损耗，再也不能被重新利用。所以生态系统必须不断地从外界取得能量。如果说，能量来源于太阳，那么构成生物所需的物质则来源于地球，物质循环就是生物地球化学循环。生态系统中的能量，主要指生物生命必需的各种营养元素，它通过各个营养级进行传递并连结起来，构成物质流。物质流动是循环的，各种有机物质最终经过还原者分解，重返环境中，进行再循环。因此生态系统中的能量流动和物质循环，二者紧密联系在一起，相辅相成构成一个统一的生态系统功能单位。

物质循环按性质可分为二类，一类是气体型循环，主要贮库是大气圈，物质以气态出现，如二氧化碳、氮、氧等。循环的特点是循环的时间短，周转率高，流通量大，具有明显的全球性循环的特点，是一个完全的循环类型。另一类是沉积型循环，主要贮库是岩石圈、土壤圈，如硫、磷、钙、铁，钠、钾等。沉积型循环主要是经过岩石的风化和分解作用，把贮存于库中的物质转变成为生态系统中生物利用的营养物质。这种转变过程相当缓慢，具有非全球性循环的特点，是一个不完善的循环类型。

一、水循环

水是生物圈中最充足的无机化合物，它以液态水、固态水和气态水的状态存在于地球上。

地球上约有 10 亿多立方千米的水，其中海洋占 97%，是咸水；淡水占 3%，其中有 3/4 以固体状态存在于地球两端，气态水所占比例很小，水在地球上的分布是很不均匀的。

水对各种化学反应起着极为重要的作用，水是一切生命的必要成分，是氢的来源。如果没有水和水的循环，物质的生物地球化学循环就不可能存在，生态系统的机能就不能运行，生命也不能存在，因此它与生物整个生命活动关系极为密切。

水在生物圈内的循环是由太阳能和地心引力结合而推动的。海洋和陆地在大量太阳能辐射下，每年约有488000立方千米水分蒸发到大气中。从海洋表面蒸发的水，以雨的形式降回海洋中，称水的内循环。如果海洋蒸发的水，随着气流进入陆地，而降落地面，其中部分水分再度蒸发重新返回大气圈，部分被陆地生态系统暂时保留，有些水分以地表径流的形式迅速返回水库、江、湖、海洋，成为海陆循环，其余的水渗入土壤，或是通过土壤慢慢地渗透为地下水，从地下水又可进入江、湖和海。

绿色植物对地球的水循环过程具有重要作用。在生态系统中，近40%的太阳能用于植物的蒸腾作用。据研究每生产1千克干物质，平均要蒸腾1000千克水，而在收获物中约有3%~5%的水被固定和转化。

大气中水的周转率很快。水蒸气在空中停留时间很短，从几小时到几个星期，平均8~10天可循环一次，土壤中的水循环一次约需280天，地下水要300天，海洋中的水全部更新一次约需37 000天。

二、碳循环

碳是一切有机体的基本成分，占有机体干重的49%。所有生物的碳均来源于二氧化碳。主要通过光合作用而固定贮存在有机体中。没有碳即没有生命。

碳的循环首先由绿色植物通过光合作用，吸收大气中的二氧化碳和水生成碳水化合物。每形成1千克葡萄糖等于贮藏15.48千焦能量，固定1.47千克二氧化碳。同时，植物在不断进行呼吸和发酵过程中，氧化单糖，产生二氧化碳和水，并释放能量。产生的这些二氧化碳，可被植物再度利用，这是碳的最简单的循环形式。

植物（碳水化合物）被动物采食后，碳水化合物能进入动物体内。这些碳除被固定一部分外，其余的又由呼吸作用回到大气。动物排泄物和动植物尸体中的碳，经微生物的分解作用再回到环境中，分解程度随环境的温、湿度条件而变化。这就是碳循环的第二种形式。

地球中贮存的碳占碳总量的99%，如动植物的残体埋藏在地层中，经过长期的地质作用，形成含碳物质，如泥炭、煤、石油、天然气，各种动物的骨骼、介壳均可成为碳酸盐岩石。岩石的风化和溶解、矿物燃料的燃烧、火山的活动，均将碳释放回到大气中。这是碳循环的第三种形式。

三、氮循环

氮是氨基酸、各种蛋白质和核酸的主要成分，是一切生命结构的原料。

农牧业生产中，对氮（蛋白质）历来很重视，因为这是单位面积产量和畜产品质量的重要物质基础。气态氮约占大气组成的79%，是惰性气体，生物不能直接利用。这种分子态氮仅能通过固氮作用，与氧结合成为硝酸盐和亚硝酸盐，或者与氢结合形成氨才能被生物利用。自然界中有些生物具有固氮能力，如固氮菌、根瘤菌、蓝藻、绿藻等，他们能从大气中吸收分子态氮和氢结合成氨。由于闪电、宇宙线、陨石、火山活动等产生的氧化作用，可形成氮氧化物，这种氮氧化物随着雨水反应生成硝酸盐，降到地球表面，这也是自然固氮的一种途径。据估计，由此途径每年每公顷土地可得到氮8.9千克。

植物吸收硝酸盐和铵盐，并与体内的碳结合形成氨基酸、蛋白质、核酸、维生素等，除了一小部分由于燃烧和生物过程还原成为气态氮重返大气外，大部分有机分子通过草食动物采食，转化为机体内各种类型的氨基酸。而动物的排泄物（粪和尿）和动植物尸体中的蛋白质，被微生物分解成简单的氨基酸，进而分解成氨、二氧化碳和水而返回环境，可能被植物再利用，也可能存留于腐殖质中被雨水淋洗，随着河流进入海洋，为水体生态系统所利用。陆地生物的固氮、大气闪电以及化肥的应用，可以弥补陆地氮素的损失，从而维持氮素的动态平衡。

四、磷循环

磷是世界上重要的、难以再生的非金属矿产资源，是生命中重要的元素之一。磷化工产业在国民经济中也占有重要地位。

（一）磷元素的存在形式及其循环

在生物圈内，磷主要以三种状态存在，即以可溶解状态存在于水溶液中；在生物体内与大分子结合；不溶解的磷酸盐大部分存在于沉积物内。由于在中性和碱性条件下，磷酸中的磷极易与金属离子形成沉淀，故生物圈中的磷元素相对比较稀缺。

生态系统中磷的主要来源不是生物作用而是源于缓慢的矿物岩石（主要是钙磷灰石和氟磷灰石）的风化作用。磷灰石构成了磷的巨大储备库，而含磷灰石岩石的风化，又将大量磷酸盐转交给了陆地上的生态系统。

与水循环同时发生的则是大量磷酸盐被淋洗并被带入海洋。在海洋中，它们使近海岸水中的磷含量增加，并供给浮游生物及其他消费者。而后，进入食物链的磷将随该食物链上死亡的生物尸体沉入海洋深处，其中一部分沉积在不深的泥沙中，将被海洋生态系统重新取回利用。

埋藏于深处沉积岩中的磷酸盐，其中有很大一部分凝结成磷酸盐结核，保存在深水之中。一些磷酸盐还可能与二氧化硅凝结在一起而转变成硅藻的结皮沉积层，这些沉积层组成了巨大的磷酸盐矿床。通过海鸟和人类的捕捞活动可使一部分磷返回陆地。

（二）微生物在磷循环中的作用

自然界中磷素转化主要通过三个途径进行，即有机磷的矿化作用、难溶解性无机磷的可溶化作用和磷的同化作用，其中微生物起着重要作用。

1. 有机磷的矿化作用

有机磷的矿化是伴随有机物降解过程同时发生的，并不具有专一性，一切能降解有机物的异养细菌都能进行这一作用，包括细菌、放线菌、真菌。

在农业生产上常选用一些矿化能力强的菌种，如解磷巨大芽孢杆菌和蜡状芽孢杆菌等，促进有机物中磷素的释放，以提高土壤中可以被作物利用的磷的含量。

矿化有机磷的速率受多种因素的影响，包括微生物利用碳素基质的能力，也就是微生物降解有机物的强度；含碳有机物的可降解程度；是否有合适的氮源供应；是否有适宜的 pH 值和温度条件。如在富营养化湖泊中，当秋季水温降到不适于藻类生长的温度范围时，藻类的生长停止，并逐渐死亡。这时如水域中 pH 值和温度适宜，则湖泊中的微生物种群就能利用死亡的藻体作为有机碳源进行降解，同时释放出无机氮素和磷化物。

2. 磷的同化作用

可溶性磷酸盐被植物、藻类及其他微生物吸收后转变为有机磷，如卵磷脂、核酸及三磷酸腺苷等细胞组成成分，这种作用称为磷的同化作用或磷的固定作用。

磷的同化作用同样受到多种因素的限制，仍以池塘或湖泊为例，秋季随着水温的下降，水体中的藻类逐渐死亡，残体为微生物分解并放出无机磷，这些无机磷的同化往往受下列因素的制约：①必须待来年气温转暖，达到合适水温，并有充足的阳光时，才能被藻类、光合微生物和其他细菌重新同化为有机体的组成成分；②如为异养生物同化，必须有适量的有机碳源，如果碳和磷的含量比小于 100：1，异养细菌同化磷的作用就会停止进行；③无论是自养生物还是异养生物，都需要有效的氮源供给。当氮和磷的含量比大于等于 10：1 时，磷的同化作用可以正常进行；而当氮和磷的含量比小于 10：1 时，磷的同化也会停止。

3. 难溶性无机磷的可溶化作用

植物只能利用可溶性的磷酸盐作为磷源，土壤微生物可通过两种途径使难溶性无机磷溶化。

（1）通过产酸，使环境 pH 值降低，从而增加磷酸盐的可溶性。

（2）厌氧条件下，有些微生物能使 Fe^{3+} 转变为 Fe^{2+}，从不溶性的磷酸铁转变为磷酸亚铁，提高了溶解度。

五、硫循环

（一）硫库和全球硫循环

火山活动会释放含硫气体。强烈的火山喷发能直接将含硫物质推入大气平流层，对地球气候产生很大影响。岩浆热动力学计算表明：火山在高温状态下释放的气体主要是 SO_2，在低温状态下 H_2S 是主要气体。最近的研究表明：全球火山硫通量不会低于每年 10 百万吨。

生物质燃烧为挥发性含硫气体的强释放源。生物质燃烧释放硫与人为的行为有关，如森林受控燃烧，木材燃烧和农用秸秆的燃烧等，也与纯自然行为（如野火）有关。以干物质计，植物平均含硫约为 0.2%。假如每年燃烧的干物质为 8700 百万吨，那么每年硫释放量约为 17 百万吨。在燃烧过程中约 50% 的硫释放进入大气层，其余部分则保留在灰分中。生物质燃烧释放含硫气体的量估计为每年 2~3.5 百万吨。

内陆的淡水体系如湖泊和河流等也能释放挥发性含硫气体。由于流速和水量变化很大造成其硫释放量也有很大的差异，所以对河流系统挥发性硫释放的研究很少。Kim 和 Andreae 分别对美国东海岸几个港口湾的横断面上的二甲基硫和二硫化碳进行测试。结果表明，二甲基硫是水体产生的主要挥发性含硫物质，以微摩尔级存在。二甲基硫的释放量和水体的含盐量之间有正相关关系，即随着水体盐浓度的减少，二甲基硫的释放量也相应减少。

最大的硫库存在于地壳中，由惰性元素硫沉积物、硫金属沉积物，如黄铁矿和石膏及埋藏的化石燃料中的硫组成。第二大硫库是存在于海洋中的硫酸盐，该库循环缓慢。较小和更活跃的硫库是陆地和海洋环境生物量和有机物中的硫。

进入海洋的硫，一部分以沉积的方式，亿万年之后成为煤或石油中的硫，另一部分进入生物体被吸收。生物体中的硫在生物体死亡腐败过程中，一部分以硫化氢的方式进入大气，其余的又重回到土壤，使循环得以继续。而大气中的硫却以降水的形式落到海洋、土壤中，又开始了它们下一轮次的循环。

硫循环通常进行得较为迅速，而含硫岩石的剥蚀、沉积和抬升等其他过程则需要长得多的时间。火山和人类活动（一般是工业活动）将硫带入环境。导致全球硫库不平衡的人类活动首先是采矿，使大面积的硫化金属矿石暴露在空气中，形成酸性矿水。其次是化石燃料的燃烧，当人类燃烧含硫的矿物燃料时，释放出来的二氧化硫可以与大气中的水分混合，形成酸雨，从而导致环境恶化。

（二）微生物在硫循环中的作用

硫是自然界最丰富的元素之一，且以不同的形式存在，这些不同形式的硫在微生物的作用下可以相互转化，构成了硫的生物地球化学循环。

硫酸盐还原菌和硫氧化菌是推动硫循环的重要微生物。硫酸盐还原菌把硫酸盐还原为硫化物，同时消耗土壤中的有机物质；硫氧化菌把还原性硫化合物氧化为硫酸盐，缓解土壤中硫化物的积累，它们共同维持硫循环的动态平衡。

微生物在硫循环过程中的作用途径主要有以下四种。

1. 矿化作用

动物、植物和微生物尸体中的有机硫化物，被微生物降解成无机物的过程称为分解作用或有机硫化物的矿化。硫从有机分子中释放可在好氧和厌氧条件下发生。在有氧条件下，分解的最终产物是硫酸根离子，可供植物和微生物利用；在缺氧情况下，特别是在蛋白质物质腐解时，累积硫化氢和有气味的硫醇等。一般能分解有机氮化物的氨化微生物，都能分解含硫蛋白质并从中获得能量。

在海洋环境中，藻类代谢的一个主要产物是二甲基巯基丙酸内盐（DMSP）。二甲基巯基丙酸内盐的主要降解产物是二甲硫。硫化氢和二甲基硫都是挥发性化合物，一旦进入大气，这些化合物就会被光氧化成硫酸盐。

化石燃料燃烧产生亚硫酸盐。

2. 同化作用

微生物利用硫酸根离子和硫化氢，组成本身细胞物质的过程称为硫素的同化作用。大多数的微生物能利用硫酸根离子作为唯一硫源，把它转化为含巯基的蛋白质等有机物。少数微生物能同化硫化氢。

3. 还原态无机硫的氧化作用

无机硫的氧化作用，也称硫化作用，它是微生物氧化硫化氢、元素硫或硫化亚铁等生成硫酸盐的过程。

自然界能氧化无机硫化物的微生物主要是硫细菌，大体上可分成三大类。

（1）硫黄细菌

硫黄细菌氧化硫化氢为元素硫，贮积在细菌体内，当环境中缺少硫化氢时，细胞内贮积的硫黄颗粒能继续被氧化成硫酸根离子。这类微生物主要有贝日阿托菌属和发硫菌属，它们均是丝状细菌，生存在含硫的水中，对硫化氢的浓度要求很严格，能将硫化氢氧化为单质硫。此外，硫黄细菌还有辨硫菌属、亮发菌属、球衣菌属、透明颤菌属和硫螺菌属中的一些种类。

（2）无色氧化硫细菌

该类细菌属于硫杆菌属，为专性或兼性化能自养型细菌，能从氧化硫或硫化物中获得能量，产生硫酸，同化二氧化碳合成有机物。革兰氏阴性，无芽孢，细胞内通常不贮藏硫黄颗粒。硫杆菌广泛分布于土壤、淡水、海水、矿山排水沟中，有氧化硫硫杆菌、排硫杆菌、氧化亚铁硫杆菌、新型硫杆菌等，它们均为好氧菌。还有兼性厌氧的脱氮硫杆菌。

（3）有色氧化硫细菌

这类细菌体内含有特殊的细菌叶绿素和其他类胡萝卜素，从光中获得能量，并进行光合作用同化二氧化碳，有自养型和异养型两种。光能自养型氧化硫细菌以硫化物和硫代硫酸盐作为电子供体，以二氧化碳作为碳源。这类细菌主要是着色菌属和绿菌属中的一些种类，大都为厌氧菌。光能异养氧化硫细菌以简单的有机酸类和醇类为电子供体和碳源，以光能为能源。这类细菌包括红螺菌属、红假单胞菌属、红微球菌属和绿丝菌科的细菌，它们都能进行光照厌氧或黑暗好氧呼吸作用。

4. 硫酸盐的还原作用

无机硫化物的还原作用是在厌氧条件下，微生物将硫酸盐、亚硫酸盐、硫代硫酸盐和次亚硫酸盐还原成硫化氢的过程，也称为反硫化作用。在此反应中，微生物利用硫酸根离子等硫化物中的氧作为最终氢受体，氧化有机物获得能量，这就是通常所说的反硫化作用。

反硫化作用具有高度特异性，主要由脱硫弧菌属来完成。该属菌为严格的厌氧菌，革兰氏阴性，无芽孢。该菌能在许多不同的有机基质上异养生长，利用硫酸盐、硫代硫酸盐或元素硫作为电子受体。脱硫弧菌属的不同种，以乳酸盐、丙酮酸盐或苹果酸盐为基质，还原硫酸根离子的反应并不完全相同。有的种在缺乏硫酸根离子时，即使有有机质存在，也不能生长；而脱硫弧菌在缺乏硫酸根离子时，也能在含丙酮酸的基质中生长；普通脱硫弧菌即使有硫酸根离子存在，也不能在有苹果酸的培养基上生长。

除脱硫弧菌外，脱硫肠状菌属的细菌也能进行反硫化作用。脱硫弧菌适宜于生长在污泥和沼泽地中，以及排灌不良的土壤中，利用硫进行呼吸。

这些硫酸盐还原菌（SRB）都是严格厌氧的化能异养型生物，能利用氢气作为电子供体推动硫酸盐还原。

硫酸盐还原菌是厌氧细菌菌群的一部分，它们与发酵细菌、产甲烷菌一起将有机物彻底矿化为二氧化碳和甲烷。

硫酸盐还原的终产物是硫化氢。硫化氢能被化能自养或光能自养的微生物吸收而被重新氧化，也能挥发进入大气，或同金属反应形成金属硫化物。

第四节 生态系统中的初级生产

（一）初级生产的基本概念

绿色植物通过光合作用，吸收和固定太阳能，将无机物合成、转化成复杂的有机物的过程称为初级生产。光合作用对太阳能的固定是生态系统中第一次能量固定，故初级生产也称为第一性生产。

光合作用是自然界最重要的化学反应，也是最复杂的反应，人类至今对其机理还没有完全弄清楚。

（二）初级生产量的计算

在初级生产过程中，植物固定的能量有一部分被植物自己的呼吸消耗掉，剩下的则用于植物的生长和生殖。所以，绿色植物所固定的太阳能或所制造的有机物质的量在不同系统中因其在生长、呼吸消耗和繁殖上的差异而存在差异。

生态学中，将单位面积植物，在单位时间内，通过光合作用固定太阳能的量称为总初级生产量。在总初级生产量中，有一部分能量被植物自己的呼吸消耗掉，剩下的可用于植物的生长和生殖，这部分生产量称为净初级生产量。

生产量和生物量是两个不同的概念：生产量含有速率的概念，是指单位时间单位面积上的有机物质生产量；生物量是指在某一定时刻调查时单位面积上积存的有机物质。

（三）初级生产量的变化

研究表明，全球陆地净初级生产总量的估计值为年产 115×10^9 吨干物质，全球海洋净初级生产总量为年产 55×10^9 吨干物质。海洋面积约占地球表面的 2/3，但其净初级生产量只占全球净初级生产量的 1/3。

生态系统的初级生产量还随群落的演替而变化。群落演替的早期由于植物生物量很低，初级生产量不高；随时间推移，生物量渐渐增加，生产量也提高；一般森林在叶面积指数达到 4 时，净初级生产量最高。但当生态系统发育成熟或演替达到顶极时，虽然生物量接近最大，由于系统保持在动态平衡中，净生产量反而最小。由此可见，从经济效益考虑，利用再生资源的生产量，让生态系统保持到“青壮年期”是最有利的，不过从可持续发展和保护生态环境着眼，人类还需从多目标之间做合理的权衡。

（四）初级生产的生产效率

假如在某一热带地区，太阳辐射能的最大输入量为 2.9×10^7 焦 /（平方米 • 天），扣除 55% 的紫外或红外辐射能量，加上一部分反射的能量，用于光合作用的约占辐射能的 40.5%，再除去非活性吸收和不稳定的中间产物，能形成糖类的约为 2.7×10^6 焦 /（平方米·天），相当于 120 克 /（平方米·天）的有机物质，这是最大光合效率的估计值，约占总辐射能的 9%。但实际上测定的最大光合效率值只有该值的 54%，即只有理论值的一半，大多数生态系统的净初级生产量的实测值都远远低于此值。可见，净初级生产力不是受光合作用固有的光能转化能力所限制，而是受其他的生态因子限制。即使是严格控制试验条件的人工栽培，光合作用效率也难以达到理论上的 9%。日本科学家测定表明，在最适条件下，水稻、大豆、玉米和甜菜的光能利用率分别为 1.38%、0.88%、1.59% 和 1.7%。我国报道的小麦、玉米和高粱高产纪录的光能利用率则为 1.2%~1.3%，一般在 1% 左右。实际上在富饶肥沃的地区光合作用效率可以达到 1%~2%，而在贫瘠荒凉的地区大约只有 0.1%。若从全球平均来看，在 0.2%~0.5% 之间。

（五）影响初级生产的主要因素

就陆地生态系统来说，影响初级生产的主要因素有光、二氧化碳、水、营养物质等理化因素，以及污染、植物的类型、品系和消费者等。

水和营养物质最易成为初级生产的限制因素。在干旱地区植物的初级生产量几乎与降雨有线性关系。营养物质中最重要的是氮、磷、钾，对各种生态系统施用氮肥几乎都能增加初级生产量。绿色植物有三种不同的光合作用途径（C_3、C_4 和景天酸途径），其利用资源效率和空间资源不同，所以，不同系统中 C_3 和 C_4 植物的比例会影响到系统的初级生产效率。如草地的初级生产强烈地受 C_3 和 C_4 植物比例的影响。绿色植物的消费者对初级生产有着很重要的影响，如许多有害生物对农作物产量有毁灭性的影响，而非洲草原上的有蹄类动物对禾本科植物牧食后，使其长得更好，反而有利于产量的提高。随着环境问题的严重，环境中的污染物往往引起初级生产量的下降。重度污染使绿色植物死亡，生态系统遭到破坏。如硫是植物生长的必需元素，大气中少量二氧化硫有利于植物生长，而浓度过高时则引起伤害。

（六）初级生产量的测定

生态系统中生产量测定方法主要有收获量测定法、氧气测定法、二氧化碳测定法、叶绿素测定法和放射性标记测定法等。

1. 收获量测定法

收获量测定法或称为直接收割法，是通过收割、称量绿色植物的实际生物量来计算初级生产力的，常用于陆地生态系统中农作物、牧草和森林等的生产力估算。该方法的主要优点是简单易行，无需价昂而又复杂的仪器。测定结果也相当准确。

近年来，已有非破坏性现存量的测定，其实用性有所提高。

2. 氧气测定法

该法是利用呼吸消耗氧的多少来估算总光合量中的净初级生产量。氧的生成量与有机物质的生成量成一定比例关系。总光合量 = 净光合量 + 呼吸量。在水域生态系统中常用黑白瓶法测氧，黑瓶为不透光的瓶，白瓶可充分透光，再设一瓶作为对照。测定时将黑白瓶沉入水域同一深度，经过一定时间取出，进行溶氧测定。根据三种瓶的溶氧量，可估计光合量和呼吸量。这是因为黑瓶中不进行光合作用，其溶氧量的减少就是该水体的群落呼吸量。白瓶能同时进行光合作用和呼吸作用。其溶解氧量的变化反映了总光合作用与呼吸作用之差，即群落的净生产量。

3. 二氧化碳测定法

这是研究陆地生态系统初级生产力常用的方法。可用二氧化碳测定法测定叶子或植株的光合作用强度，也可用它来估算整个群落的生产量。这种方法是用塑料篷把群落的一部分罩住，测定进入和抽出的空气中二氧化碳的含量，减少的二氧化碳的量就是进入有机物质中的量。为了克服罩盖改变群落微气候的缺陷，近年来采用了空气动力学方法，如涡流关系法。

4. 叶绿素测定法

由于在一定条件下植物细胞内的叶绿素含量与光合作用产量之间存在一定的关系，因此可以根据叶绿素和同化指数来计算初级生产力。如海洋生态系统初级生产力的测定，是通过超滤膜将一定体积海水中的浮游植物滤出，然后用丙酮提取叶绿素，以分光光度计测定叶绿素在丙酮溶液中的光密度，再通过计算，求出叶绿素的含量。

5. 放射性标记测定法

这是测定海洋生态系统初级生产力的主要方法。将放射性碳酸盐加入海水中，经过一定时间的培养，测定浮游植物细胞内有机 ^{14}C 的数量，计算出浮游植物光合作用固定的碳量。

6. 卫星遥感技术的应用

卫星遥感是测定生态系统初级生产量的一种新技术，可测定大范围的陆地区域，提供大尺度生产力和生物量的分布及其动态观测资料。根据遥感测得的近红外和可见光光谱数据而计算出来的归一化植被指数是植物光合作用吸收有效辐射 APAR 的一个定量指标。因此，由 APAR 可推算净初级生产量。海洋中植物光合作用吸收有效辐射值与表层的叶绿素含量密切相关。

第五节 生态系统中的次级生产

一、次级生产的基本概念

次级生产也称为第二性生产，它是指生态系统初级生产以外的生物有机体的生产，是消费者和分解者利用初级生产所制造的物质和贮存的能量进行新陈代谢，经过同化作用转化成自身物质和能量的过程。动物的肉、蛋、奶、体壁、骨骼等都是次级生产的产物。

从理论上讲，绿色植物的净初级生产量可全部被异养动物所利用并转化为次级生产量。然而，任何一个生态系统中的净初级生产量总是有相当一部分不能转化成次级生产量，因为在转化过程中有能量的损失。造成这一情况的原因有很多，如不可食用或因种群密度过低而不易采食。即便已摄食的，还有一些不被消化的部分；另外，呼吸代谢要消耗一大部分能量。因此，各级消费者所利用的能量仅仅是被食者生产量中的一部分，次级生产是以现存的有机物为基础，初级生产的质和量对次级生产具有直接或间接的影响。

在各类生态系统中，次级生产量比初级生产量少得多。美国生物学家魏泰克（R. H. Whittaker）等依据植物净初级生产力资料并参照不同地区动物取食、消化的能力，列出了全球各类不同生态系统的次级生产量的估算表。海洋生态系统中的植食动物有着高的摄食效率，约相当于陆地动物利用植物效率的 5 倍。因此，尽管海洋的初级生产量仅为陆地初级生产量的 1/3，但海洋次级生产量总和却比陆地高得多。所以，对人类的未来而言，研究海洋的次级生产量是具有重要意义的。

二、次级生产的生态效率

各种生态系统中的草食动物利用或消费植物净初级生产量的效率是不相同的。对于肉食动物利用其猎物的消费效率，现有资料尚少。草食动物和碎食动物的同化效率较低，肉食动物则较高。草食动物所吃的植物中，含有一些难消化的物质，因此，很多食物最终是通过消化道排泄出去。肉食动物吃的是动物，其营养价值较高，但肉食动物在捕食时往往要消耗许多能量。就净生长效率而言，肉食动物反而比草食动物低。这就是说，食肉动物的呼吸或维持消耗量较大。此外，在人工饲养条件下，由于动物的活动减少，净生长效率也往往高于野生动物。

生长效率还随动物类群而异，一般来说，无脊椎动物有高的生长效率，为

30%~40%（呼吸丢失能量较少），因而能将更多的同化能量转变为生长能量；外温性脊椎动物居中，约为 10%；内温性脊椎动物很低，仅为 1%~2%，因为它们为维持恒定体温而消耗很多已同化的能量。因此，动物的生长效率与呼吸消耗呈明显的负相关。个体最大的内温性脊椎动物，其生长效率是动物中最低的，而原生动物等个体小、寿命短、种群周转快，具有最高的生长效率。

美国生态学家林德曼（R. L. Lindeman）通过大量的研究表明，营养级之间的转化效率是 10%~20%，一般为 10%，即通常所称的十分之一法则。这个法则说明，每通过一个营养级，其有效能量大约为前一营养级的 1/10。也就是说，食物链越长，消耗于营养级的能量就越多。从这个意义上讲，人如果直接以植物为食品，相比以吃植物的动物（如牛肉）为食品，可以供养多 10 倍的人口。据世界粮农组织统计，富国人均直接谷物消耗低于贫国，但以肉乳蛋品为食品的粮食间接消耗量高于贫国数倍。缩短食物链的例子在自然界也有所见，如巨大的须鲸以最小的甲壳类为食。

第六节 生态系统中资源的分解作用

一、资源分解作用及其意义

动、植物和微生物死亡以后，它们的残株、尸体就要成为其他生物有机体的物质资源。将残株、尸体等复杂的有机物分解为简单有机物的逐步降解过程，称为分解作用。植物、动物在它们生活的时候，就不断地产生死的有机物，如枯枝落叶、粪便、排遗、节肢动物幼虫的体壁，脊椎动物的毛、发、角和皮肤等。这些有机物质贮存着一定的能量，在分解中逐步转化，以热的形式释放。这个过程正好与植物光合作用的情况相反。

$$C_6H_{12}O_6+6O_2 \longrightarrow 6CO_2+6H_2O+\text{能量}$$

资源的分解作用在生态系统中具体的进程是一个极为复杂的过程，包括降解、碎化和溶解等。通过生物摄食和排出，并有一系列酶参与到各个分解的环节中。在分解动物尸体和植物残枝中起决定作用的是异养微生物。这种分解作用也是细菌、真菌为它们自身获取食物所必需的。因此，分解时无机的营养元素从有机物中释放出来，称为矿化。

分解作用的意义主要在于维持了全球生产和分解的平衡。据估计，全球通过光合作用每年大约生产 1000 万吨有机物质，而一年中被分解的有机物质大约也是 1000 万吨。如果没有分解，那么，一切营养物质都将束缚于尸体和残株之中，也就不可能形成新的有机物。在建立全球生态系统的动态平衡中，资源分解发挥的主要作用有：①通过死亡物质的分解，使营养物质再循环，给生产者提供营养物质；②维持大气中二氧化碳浓度；③稳定和提高土壤有机质的含量，为碎屑食物链以后各级生物提供食物；④改善土壤性状，改造地球表面惰性物质。例如，形成独特的土壤复合体，并增强土壤代换性能，使之具有极强的吸附和离子的代换能力，与土壤中污染性毒害离子发生非水溶性的络合作用，降低污染物的危害程度。如被镉污染的农田施用分解过的紫云英有机物可降低稻米中 40% 的镉。

废弃物的生物处理在当今甚为重要。污水处理是由一系列工序完成的，包括固体物质的清除、胶体和溶解状态的物质通过生物氧化途径的消除等。

污水处理的基本原理是在微生物的作用下，含有大量有机物的污水物絮体，吸附沉淀有机物，这种有机物被生活在里边的微生物氧化分解，从而达到废水净化的目的。

二、生物分解者及其作用

（一）微生物

微生物中细菌和真菌是主要的分解者。在细菌体内和真菌菌丝体内具有各种完成多种特殊的化学反应所必需的酶系统。这些酶被分泌到死的物质资源内进行分解活动，一些分解产物作为食物而被细菌或真菌所吸收，另外一些继续保留在环境中。

微生物生活在各种各样的生态系统中。土壤是微生物适宜生长和繁殖的基地。土壤微生物主要聚集在表土层中，它们多以微菌落的形式分布在土壤颗粒和有机质表面及植物根际。土壤细菌以异养型为主，1 克土中的总菌数一般可达 10^6~10^9 个，生物量超过全部土壤微生物总量的 1/4。所以，细菌是土壤微生物中数量最大、功能多样的类群。真菌主要分布在土壤表面的枯枝落叶层和表土层中，1 克土中的数量可达 10^3~10^5 个，在土壤形成和肥力提高过程中起重要作用。

微生物在水域中也有广泛分布。除地下深层水外，各种水中都含有一定数量的微生物。有许多微生物生活在水面上，也有些生活在悬浮于水中的有机物或植物上，而另外一些则生存在水底层的泥土内外。异养细菌的种类和数目均较多，可分解水内的各种有机质。水底厌氧菌的活动，产生有机酸、氢气和甲烷，这些物质再被上层微生物氧化和利用。海洋生境的特点是有机质等营养物质含量低，含盐量高。海水中微生物总量以表面稍下的层次最多。海水内的细菌游动型和有色型的菌种占的比例较大，它们大都是无色杆菌属、假单胞杆菌属、黄色杆菌属等。

细菌是单细胞生物，个体生长时间很短，很快进入繁殖阶段。它们的繁殖为裂殖，其群体的增加为几何倍数。细菌通过细胞表面吸收营养物质。营养物质必须是溶质状态才能渗透过细胞质膜而进入细胞。大分子的化合物则需经过细菌所分泌的胞外酶水解成小分子的物质后，才能被吸收。细菌就其整体而言，它们几乎能利用全部的天然有机化合物和多种人工合成的有机聚合物。有的菌种具有广谱的分解能力。如荧光假单胞杆菌可分解200多种天然有机物。

真菌可以长出菌丝。这是一种管状的细丝。菌丝的直径一般为4~6微米，个别菌种更粗些；长度可以很长很长，只要条件合适，可以不断伸长。悬浮于水沫中的水生真菌丝孢菌的分生孢子通常以须根状结构附着在落入水体的植枝上吸收营养。而侵入植物表皮内部的水生真菌常以奇特的形式增加吸附的力量，使之能在植株组织内从一个细胞延伸到另一个细胞。

多数真菌以孢子、特别是分生孢子作为侵染源。每一分生孢子在表皮上萌发出芽管。芽管可侵入寄主。有些侵染昆虫的真菌在芽管的端部还形成膨大的附着胞，附着于表皮，并长出一根纤细的菌丝，称为“入侵刺”，以加强机械入侵。

上述细菌和真菌的营养方式表明，细菌和真菌都能利用自然界所有天然的有机物质，甚至包括了许多人工合成的物质。尤其是细菌在极端缺氧条件下进行着有效的分解过程，因此，细菌在极端温度下和缺氧条件时成为优势的腐生种类。而真菌在陆地或水域生境里都被认为是植物性物质的主要分解者，因为在这些类群中广泛存在着木质素和纤维素的降解酶。而在其他生物中具有这种能力的种类为数是不多的。

（二）动物类群

陆地分解者主要是些食碎屑的无脊椎动物。按机体大小可分为微型、中型和大型动物。微型动物区系，体宽在100微米以下，包括原生动物、线虫、轮虫、体型极小的弹尾目昆虫和螨类。田间试验证明，这些微型动物在分解过程中有明显的作用。将枯枝落叶层用铯–137标记追踪，通过定期称重就可测出分解率。中型动物区系体宽0.1~2毫米，包括弹尾目昆虫、原尾虫、螨类、线蚓类、双翅目幼虫和一些小型鞘翅目昆虫，大部分都能侵蚀完整的落叶，但是它们对落叶层总的降解作用并不显著。在分解过程中起的主要作用在于调节微生物种群数量的大小和对大型动物区系粪便进行处理、加工。中型动物中的白蚁却是个例外，它的消化道中有共生微生物存在，可直接影响整个生态系统的能流和物流。至于大型动物区系，包括各种取食落叶层的节肢动物，如千足类、等足类、端足类、蛞蝓和蜗牛以及较大型的多种蚯蚓。这些动物都参与扯碎植物残叶、土壤的翻动和再分配的作用。

陆地生态系统中对物质分解有重要作用的是无脊椎动物。它们的分布有随纬度而变化的地带性规律。低纬度热带地区起作用的主要是大型土壤动物，其分解作用明显高于温带和寒带；高纬度寒温带和冻原地区多中、小型土壤动物，它们对物质分解起的作用很小。土壤有机物的积累主要决定于气候等理化环境，有机物分解速率随纬度而变化。一般而言，低纬度温度较高、湿度大的地区，分解速率快；而温度较低和干燥的地区则有利于有机物质的积累。

水域生态系统的分解成员与陆地不同，但其过程也分搜集、刮取、粉碎、取食或捕食等几个环节，其作用也相似。淡水无脊椎动物分为六类：粉碎者，能把枯落物咬断，切成大块片状物；搜集者，选择水底的营养颗粒，粉碎并消化其他动物的粪便；底栖者，以水底作为栖息地，取食沉积物，并消化细小的碎屑；滤食者，从水中滤出微小的悬浮物为营养；植食动物，以水中活的植物为食物；捕食者，是一些食肉动物。

三、有机物质的分解过程

（一）分解的三个过程

生态系统中的分解作用是一个复杂的过程，由三个环节组成即降解过程（K）、碎化过程（C）和溶解过程（L）。

降解是在酶的作用下，有机物质进行生物化学的分解，分解为单分子的物质（如纤维素降解为葡萄糖）或无机物（葡萄糖降解为二氧化碳和水）。碎化与降解的作用不同，是指颗粒体的粉碎，是更为迅速的物理过程。主要的改变是动物生命活动的结果，当然，也包括了非生物因素，如风化、结冰、解冻和干湿作用等。溶解完全是物理过程，是指水将资源中的可溶性成分解脱出来。溶解的速率也会受到上述两个过程的影响。

分解过程（D）实际上是这三个分解过程的乘积，即：

$$D=KCL$$

分解作用的模型是包括上述三个过程在一定时间中将资源从一种（R_1）状态转化为另一种（R_2）状态。控制该过程的驱动变量是物质的性质（Q）、作用的生物有机体（O）和分解过程中环境的理化条件（P）。

最简单的状态变化是资源量的减少。分析表明，资源丧失了一些物质，同时部分剩余物伴随着资源的颗粒化，其化学成分也发生了变化。资源的分解是一个较短的时间，通常为数周，原始状态的资源经碎化、降解转化为无机物、分解者组织、腐殖质和未变化的降解颗粒。而通过溶解作用已把可溶性成分从资源中解脱出来。如果，经过一个更为长期的分解，资源有可能得到较为彻底的分解，这个时间可以上百或者数千年。

在生态系统分解资源的过程中，这三个过程都可同步进行，很难对这三者的作用加以截然区分。

（二）影响分解的生态因素

物理的和生物化学的分解过程是复杂的，随着分解进程的深入，资源物质的多样性将会减少，直至仅剩下无机的元素为止。任何有机物质的分解都包括三个组成部分（O、Q 和 P），有时其中的某一个部分可能占优势。

土壤有机物质的分解、矿化过程都是在微生物参与下进行的。因此，影响土壤微生物活动的因素都是影响有机物质转化的因素，这些因素主要是：

①土壤温度。土壤微生物活动的最适宜温度一般在 25℃ ~35℃之间；当土壤水分含量适宜时，在 0℃ ~35℃范围内，随温度的增高，微生物活动明显增强；高于 45℃或低于 0℃时，一般微生物活动受到抑制，多停止活动。②土壤湿度和通气状况。水分多少直接影响土壤的通气。通气状况又直接影响有机物质转化的方向和速度。在适度湿润又通气的情况下，好气微生物活跃，有机质分解快，分解比较充分，矿化率高，中间产物积累少。土壤水分过多，通气不良时，主要是嫌气微生物活跃，有机物质分解慢，分解不完全，矿化率低，容易积累一些中间产物。③ pH 状况。各种微生物都有各自最适宜活动的 pH 值和可以适应的范围。pH 过高、过低对微生物活动都有抑制作用。

（三）资源基质

资源按基质的化学特性，可分为三种类型：碳和能量的来源、营养物及调节剂。

1. 碳和能量的来源

死的有机物中，碳和能量包含在各种聚合化合物中，主要在植物枯枝落叶和残体中。它们以糖类、纤维素和木质素等形式存在。有分解能力的生物对这些物质的分解特性有很大的区别，一般对单糖、淀粉和半纤维素等资源分解较快，对纤维素和木质素等则难以分解。

2. 营养物

一般说，动物性有机物质和微生物有机物质的营养元素比植物性资源高。植物性资源含量依次是种子、落叶树的叶、针叶树的叶，最低为木质组织。分解速率大致也按这个顺序而降低。

生态系统中的分解速率与碳氮比之间存在着直接的相关性，换句话说，碳对氮的比例经常决定生物降解的程度和速率。因为，起分解作用的微生物组织中碳氮约为 10：1，较为适宜的比例是 25~30：1。这是因为微生物进行合成时，碳用于呼吸代谢的消耗，碳氮随时间而降低，直到接近于 25：1。

如果碳氮＜25：1，意味着氮量过剩，氮将以氨的形式而散失。大多数植物组织碳氮为40~80：1，氮是限制性因素，这时，分解速率决定于氮的供应。如有外源性氮的供应，分解速率能够加速。

3. 调节剂

资源中有的化学成分影响分解者的生理和行为。植物的保护性适应能抑制草食动物取食的行为。有时这种作用不仅在活着的植物中有，甚至在枯枝落叶离开树干以后还会发挥作用，如单宁就是分解过程中特别重要的调节剂。

许多农药，包括一些生物农药都能影响分解过程，有类似调节剂的作用。此外，某些污染物质，如重金属同样也影响分解过程。实验研究表明，锌、铁、铝、镉、铜和硫等可降低物质分解的速度；铜、锌、镉和镍离子具有强烈杀真菌的作用，尤其能抑制孢子的萌发。

四、难降解资源的分解

自然生态系统中，最不易分解的物质是纤维素、几丁质和腐殖质。它们的分解过程非常缓慢。有些人工合成的化合物，如塑料（聚氯乙烯）等至今尚未发现能分解它的微生物。

（一）纤维素

纤维素是世界上最丰富的天然有机物，是自然生态系统中植物细胞壁的主要成分，占植物界碳含量的50%以上。一般木材中，纤维素占40%~50%，还有10%~30%的半纤维素和20%~30%的木质素。有不少微生物能分泌纤维素酶，进而分解纤维素。

能分解纤维素的细菌有：芽孢杆菌、梭菌、克氏杆菌、杆菌、假单胞杆菌、纤维黏细菌和纤维单胞菌等属的一些细菌。它们具有纤维素酶，能将纤维素分解成纤维二糖，并再经纤维二糖酶分解成葡萄糖。

真菌所产生的纤维素酶由细胞质膜合成之后，即分泌于体外。许多霉菌和木腐菌都可产生胞外纤维素酶。较为重要的菌种有：绿色木霉、漆斑霉、变色多孔菌等。

真菌的纤维素酶是胞外酶，分解纤维素的能力较强，而细菌的纤维素酶位于细胞表面，只有接触菌体的纤维物质才能被分解，所以分解纤维素的能力较弱。

（二）几丁质

节肢动物体壁的主要成分是几丁质。节肢动物是动物界最大的一门，可在地球上许许多多生态系统中生存。所以，世界各主要生态系统中都存在着一定量的几丁质。

几丁质的构造类似纤维素，是由至少数百个 N- 乙酰 -D- 葡萄糖胺的链状聚合物组成的，分子量很大。由于组成链的长度并不完全相同，所以，几丁质分子量也不一致。几丁质极难分解，能分解几丁质的微生物种类不多，在细菌中有嗜几丁素芽孢杆菌、枯草芽孢杆菌和在放线菌中有链霉菌几丁素酶能将几丁质水解成几丁二糖，再由几丁二糖酶水解成 N- 乙酰氨基葡萄糖。

（三）腐殖质

土壤内死的有机物质，包括大量的植物枯枝落叶和残体、动物尸体等，经各种微生物的活动，不断地进行着分解作用，所留下的最后残余称为腐殖质。腐殖质的重要性不仅因为它在土壤中起作用，对全球碳循环来说，它还是自然界有机碳的主要贮存形式。

腐殖质对土壤和植物的影响是多方面的。据计算土壤全碳量的 60%~70% 存在于腐殖质中。腐殖质的结构十分复杂，一般将腐殖质分为三个组分：①胡敏素，在任何 pH 值的条件下均不溶于水的组分。②胡敏酸，在酸性条件下不溶于水，但能溶于稀碱溶液中的组分。③富非酸，在各种 pH 值条件下均溶于水的组分。

腐殖质分子量从几百到几千，现在对它的确切成分和结构还不清楚。腐殖质是一类较难被微生物分解的高分子聚合物，当它与黏粒矿物结合为有机物—矿物复合体时，更难分解。而旧腐殖质比新腐殖质更抗分解。腐殖质的分解是一个很缓慢的过程。用 ^{14}C 计年的方法测定腐殖质的年龄，黑钙土的胡敏酸和胡敏素平均年龄超过 1000 年。有一种黑钙土在自然植被下，腐殖质平均年龄为 2200 年，有些腐殖质更稳定，可长达 4000 年。

参加腐殖质分解的真菌和细菌有：常规青霉、诺卡氏菌中的梓檬诺卡菌和珊瑚诺卡菌、小单孢菌、分枝杆菌和节杆菌等。腐殖质难于分解，只有在这些微生物的外酶作用下才能被分解。现在对具体的分解过程还知道得不多。

第七节　生态系统的相对平衡

生态平衡是现代生态学发展在理论上提出的新概念。在现代社会中，由于经济作物的不断改变，如果不高度重视环境和生态系统保护，就会不知不觉地破坏生态系统的相对平衡，而在经一定时间后表现出不同程度的灾害性可悲后果。例如，滥伐林木而使森林面积不断减少，沙漠扩大，草原过多还田和退化，水土流失，气候干旱化，风沙肆虐，洪水泛滥等。这些都是生态平衡失调的表现。调整、恢复和维护好生态平衡是摆在我们面前的历史任务。

一、生态系统的相对平衡

生态系统的相对平衡正像一条河流一样，水在不断的流动，当上游的给水量大于下游的排水量时，则河流的水位上涨；反之，则水位下降。给水量与排水量大致相当时，水位稳定。所谓水位稳定就是指河流河水流动中的稳定状态。生态系统的稳定，也是变化中的相对稳定。

生态系统是开放的，物质和能量不断输入和输出。一方面，一部分能量和物质被植物吸收，通过光合作用而固定下来，或者通过降雨、尘埃下落、河水流入和地下水渗透或人工加入等输入到系统中来；另一方面，一部分能量和物质又通过物理蒸发、生物生理蒸腾、各种生物呼吸、生物迁移、土壤渗漏、排水，以及人类生产收获而带出等方式从系统中输出。生态系统中的能量和物质在各营养层次或各亚系统中的种种流动，每时每刻都在不停顿地运动和变化。

在一般情况下，当能量和物质输入大于输出时，则生物量将增加；反之，则减少。如果输入和输出趋于相等，生态系统的结构和功能便较长时期处于稳定状态，如有外来干扰时，能通过自我调节（或人为控制），可以恢复到原初的稳定状态。生态系统的这种状态就叫生态系统的平衡。

在一个相对平衡的生态系统中，生物的物种数及各种的个体数维持着最适的量。物种相互依赖，相互制约，各自在系统中正常生长发育和繁衍后代，并保持一定生态位。这种生态系统并能排斥其他生物的侵入。生态系统的结构、生物种类间各种群的数量关系以及环境生产潜力，是衡量生态平衡的指标。

生态系统的稳定性在自然界是通常可查察的。如果一个较稳定的森林中，食叶昆虫增加，树木生长受到危害，可是食虫的鸟类却因食物丰富而种群得到大增。这样，食叶昆虫的数量又受到抑制，树木生长伴随鸟类种群的增长而恢复正常。生态系统由于自我调节而恢复原初的稳定。草原上每逢田鼠大量繁殖的年代，翌年土产公司收购的狐狸皮也增加。

能量和物质在生态系统内流动与循环过程中，每种变化发生后，又反过来影响其变化的本身，也就是反馈效应。生态系统就是通过这种反馈关系来维持其发展中的相对平衡。生态系统的这种能力，叫做自动调控能力。但生态系统的自动调控能力有一定的限度。只有在某一限度内，生态系统可以自我调节外来的干扰。这个限度就叫做“生态阈限”。超过生态阈限，自我调节能力将降低或消失，造成生态平衡失调。不同结构或功能的生态系统其生态阈限不同。一般生态系统愈成熟，内部小生境愈复杂，生物多样性大，食物网愈复杂，能流和物流渠道愈多，则生态阈限范围愈大。生态系统中一条渠道因干扰而出现变化时，可通过另一些通道来代偿，从而逐渐达到另一个新的平衡。这就是顶极群落自我调节能力高，稳定性强的原因。

二、影响生态平衡的因素

影响生态系统平衡的因素不外乎自然因素和人为因素两大类。可分为不可控因素和可控因素。人们应在了解各因素影响作用的基础上，加强或防止可控因素的作用，使生态系统向着健康的方向发展。

（一）环境变化对生态平衡的影响

自然界的一些灾变或全球变化的自然因素如火山爆发、山洪、泥石流、海啸、飓风、旱灾等都可使生态系统在短时间内遭到破坏，甚至毁灭。这些突发性的因素，发生频率不高，但对生态系统的破坏性极大。近代研究清楚的一些全球性气候变化，例如由于“温室效应”使南极冰溶期提前、加长，海水温度普遍升高，从而使全球气温变暖，使一些昆虫的分布北界向北推移。由于有效积温增加，也使昆虫全年完成的世代数增加。日本有报道，二化螟的年完成 2~3 代的北界向北推移了 300 千米，因此，造成二化螟在许多地区的数量剧增，从而影响了水稻生态系统的平衡。

（二）人为因素对生态平衡的影响

1. 破坏植被引起的生态平衡失调

植物是生态系统的第一生产者。如果不认真地管理好植被，随意大面积毁坏森林、草原和其他植被，便会打乱生态平衡，引起连锁反应。植被的破坏不仅减少了固定太阳辐射的总输入能量，影响其上层多级消费者生物的数量，而且造成水土流失，气候变干，水源枯涸，这方面的实例举不胜举。非洲的撒哈拉地区，过去也有河有湖，是个农、牧、渔业兴旺的地区。但从 20 世纪 20 年代以来，由于耕作粗放，过度放牧，无节制地开发水源，如今变为茫茫一片沙漠。沙漠不断扩大已成为世界性问题，我国的情况也是如此。黄河中、下游的黄土高原，本来是森林草原相结合的森林与草原带。但经过几百年来封建王朝掠夺式的过度开发，滥伐森林，滥垦草原，超过了生态阈限，使森林被毁，草原面积缩小，成为一片荒山秃岭，水土流失，形成了目前的广达几个省的黄土高原，沙暴频繁，黄河断流，濒临枯涸的危险。今天要恢复到原来的森林草原生态系统已相当困难和遥远。全国各种破坏植被的大小事件历历在目，这是多么惨痛的教训。

2. 生物种类减少与生态系统的稳定性下降

上面已述及自然界的顶极群落，生物种类丰富，食物网错综复杂，系统的稳定性大，而经人工开垦或种植的农田、人工林则生物物种单一，优势种突出，系统的稳定脆弱，易暴发病虫为害，造成减产失收。

生物种类中尤以第一生产者植物的种类与整个生态系统的稳定关系最大。这在森林生态系统中表现十分明显。例如松干蚧在胶东半岛和辽宁半岛十分猖獗，主要危害油松和赤松林，纯种的松林中几乎无一幸免，极易遭受虫害甚至毁林。但是在自然林中常为针叶阔叶混交林，却可见到松树生长得非常健康，松干蚧很少。究其原因，是由于纯松树中树种单一、结构简单、肉食性昆虫天敌很少，松干蚧种群几乎没有天敌控制，只要气候适宜，很容易暴发成灾。在针叶阔叶混交林中，植物种类多样化、小生境类型多，为多种肉食性天敌提供了良好的食料资源和栖息场所，又由于有许多种阔叶树的阻隔，使松干蚧的扩散蔓延受到种种障碍，松干蚧种群常不易猖獗成灾。

3. 食物链破坏与生态平衡失调

食物链是生态系统内各生物物种相互关联的基本纽带，也是系统内能量和物质流动的基本渠道。例如鸟类是许多森林和草原生态系统中基本食物链的主要成员，可取食多种昆虫，从而对树木起到重要的保护作用。有人试验，种草时，为了防止鸟吃草籽，而用网把试验区罩上，结果草虽出芽和生长发育，但由于吃虫的鸟被隔离，而昆虫发展了起来，草的叶片几乎被昆虫吃光，而未罩网的天然草地，草叶却生长良好。这说明由于罩网破坏了草—虫—鸟的食物链而引起生态系统的失调。这种现象在农田系统中也常发生，由于滥用农药，虽杀死了害虫，但也杀死了害虫的天敌，而使另外一些害虫又再猖獗起来。

4. 污染物质对生态系统的危害

工业生产中的“三废”、城镇居民的生活垃圾中都有许多有毒物质。农业系统中不合理地滥用化肥和农药，有毒物质可随食物链各环节间的转移而得到浓缩富集，这不但破坏了生态系统的相对平衡，也给人类健康带来极大的威胁。

（1）陆地生态系统的污染

污染陆地生态系统的物质主要来源于大气中的二氧化硫、漂尘及其中的重金属铅、镉等，以及大量喷洒的杀虫剂等。它们不但直接危害陆地生态系统，还可间接污染各种水域。

①二氧化硫和酸雨：所有含硫燃料（如煤、石油等）都产生二氧化硫。大气中二氧化硫在阳光下进行光化学氧化作用，产生硫酸雾。硫酸雾在空气中凝聚增大，遇到水汽就以酸雨（亚硫酸）形式降落。另外，大气中的硫和氮可氧化而变为硫酸和硝酸，并在雨水中解离，使雨雪的酸度（pH）下降。一

般在雨雪的 pH 小于 5.6 时，称为酸雨。

二氧化硫酸雨对陆地生态系统危害很大，可使整片森林和农作物死亡而荒芜。10% 浓度的二氧化硫酸雨就可使棉花、小麦、豌豆等明显减产。硫酸雾和酸雨也可直接灼烧植物，落在土壤或水体中可使水、土酸化，影响土壤中微生物及水生生物。

②粉尘中的重金属：大气粉尘分为飘尘和落尘两种。飘尘颗粒很小，能较长时期飘浮在大气中，四处飘流危害，常称为细颗粒物。落尘颗粒较大，随风飘移一定距离，便自行降落。粉尘除直接影响植物光合作用外，其中含有重金属（如铅、镉等）对土壤、植物及人身健康均有害。

③化学农药：农药被视为现代化农业的四大支柱之一，在防治农林业病虫害、消除杂草、灭鼠、灭蚊蝇等方面应用相当广泛，对保证农林牧业稳产高产及城市卫生等方面起很大作用。但是如果施用不科学或滥用农药，则会给陆地、水域、城市生态系统带来严重的污染，并通过食物危害人体健康。

农药大致上从两方面影响生态系统。一方面可直接使人畜、水生生物接触农药而引起急性中毒。农药不仅杀死了有害病原微生物或害虫、鼠、杂草，而且同时杀死一些有益的生物，从而破坏食物链的环节或影响生态系统的稳定性。另一方面，一些不易分解的残留农药，长期潜伏在环境，它们的残留量虽然不大，但是通过不同营养阶层、食物链之间的转移，会发生高度的浓缩和富集，即使残留量很少，也会最终在高营养级动物中富集较高的浓度，危害生态系统中各种生物包括人畜健康。例如早已禁用的六六六农药（BHC），经食物链的富集作用，在牛肉和母奶中的含量是土壤中残留量的 14 倍和 171 倍以上。这种富集后的浓度足以达到破坏或瓦解肝脏细胞的程度。

残留在土壤中的农药，可抑制或毒害土壤中的微生物，从而降低生态系统中分解者对残留物质的分解还原速率，阻碍物质循环，进而影响第一生产者植物。

残留在陆地生态系统的农药还可通过水生生物的阶层间浓缩而危害各种生物包括人类健康。

（2）水域生态系统的污染

水域包括江、河、湖泊及近海海水。当排入水域的污染物超过水域本身的自净能力时（自净是指水生生物的吸收、利用降解而使毒害作用降低），便可引起水体环境的变化。水生生物的生长、繁育受到抑制，并能浓缩、富集有毒物质，进而影响人们的生活。

水域生态系统污染的途径主要为工业“三废”、农田化肥、农药、城镇居民生活用水等。工业“三废”，尤其是废水不加处理，直接排入水体。废水中主要的毒物为重金属元素铅、镉、汞等或一些化工有毒化合物。这些污染废水如进入饮用水源或通过农田灌溉，污染农作物，而后进入人体，会危害健康。例如日本富山县神通洲一带，由于工业废水中含有大量镉，污染了水源，再经灌溉稻田。人吃了富集浓缩有镉的稻米，镉侵入人的骨质，引起了著名的日本骨痛病，是一种极为痛苦的污染病。由汞或铅慢性中毒的病例也时有发生，尤其对儿童的危害更为严重。

上文已述，农田的农药残留通过径流，排入水体，造成环境污染。而农田的化肥也通过径流能排入水体，城镇的生活用水中含有大量的磷（洗衣粉带来）和氮直接排入水域后，会使水体因含有大量氮、磷化合物而发生富营养化现象。高浓度的营养物质刺激水域中某些浮游植物（如蓝藻和硅藻）的大量繁殖，过度生长，使整个水面被藻类覆盖，影响阳光及氧气的交换。藻类死后，沉积于水底，微生物分解这些残体时又必然过度消耗水中大量溶解氧，致使鱼类大量死亡。当水域中溶解氧被耗尽后，便转为无氧分解，产生大量的硫化氢气体，散发出恶臭味，许多水生生物死亡，严重破坏了水域生态系统的平衡。这种现象称为富营养化。它可使一个有生命力的水域变为死水湖（河）。这种水域污染在农村十分普遍。目前，虽已引起人们的重视，但已发生的富营养化，要治理比较复杂和困难，要花费大量的财力和时间。

在近海海域中，尤其是港口、渔场附近，或海上油田附近，常发生油井或船体漏油现象。石油的密度小于海水，散落在水中的石油形成一层均匀的油膜，使水体与大气隔绝，影响气体交换；减少阳光透入，减少水生生物的光合作用。海水油膜也可随某些悬浮物一起凝集下沉或被某些海洋生物吸收后，通过粪便沉积于海底，造成污染。海域的污染必然会影响地球整个生物圈中的氧循环。

大量的事实表明，生态系统对污染物有一定的净化和降解能力。污染物对生态系统的污染与否，关键在于污染物的数量和强度。只有把污染物的输入量降低到生态系统可能自净化的数量以下，进而再调整整个生态系统的结构，也就是人们通常说的通过排污处理，达到环境保护的排污标准，才能净化环境，长期保持生态系统的相对平衡，以提高生态系统的服务功能，为人类提供高质量的生态环境和丰富的资源。

第八节 生态系统的主要类型

生物圈是地球几十亿年历史发展过程的产物，它是地球上的最大生态系统。根据植物地理分布、动物群落及其功能作用等环境特征，可分为陆地生态系统和水域生态系统两大类。其中陆地占地球总面积的1/3，水域占地球的2/3，包括海洋和陆地上的江、河、湖泊等咸水和淡水水域，同时还有介于陆地和水域生态系统两者之间的各种类型生态系统。

上述类型的划分是不完全的。随着社会的发展，工农业生产力的不断提高，城市、农田、林场、牧场面积的扩大和发展，形成了许多各自独特的人工生态系统。下面对生态系统各主要类型的基本特征与结构功能，作简要叙述。

一、陆地生态系统

随着经、纬度的不同，广大陆地（从火热的赤道到严寒的两极）气候变化多端，生态环境极为复杂。根据动植物群落的性质和结构，可将陆地生态区分为森林生态系统、草原生态系统、冻原生态系统和荒漠生态系统等等。它们的组成结构、初级生产的速率、能量流动和物质循环的特点，差别很大。

（一）森林生态系统

森林占世界陆地面积的22%。我国森林面积约占全国总面积的20%。森林生态系统在地球上占有重要地位，它有涵养水源、净化空气、调节气候、保护环境和维持生态平衡等多种功能。

森林生态系统无论是形态结构还是营养结构，都是极端复杂的，具有最丰富的生物资源、基因资源和复杂的营养级与食物网关系。森林生态系统也是生产量最大的生态系统，有很高的光合利用率；每年所固定的总能量为12.97×10^{17}千焦，占陆地生态系统每年固定总能量（20.50×10^{17}）的63%。据估算，每公顷森林年生产干生物为12.7吨，农田为8.5吨，草原6.3吨。因此，综合和合理利用这种高效生产力，生产木本粮、油、饲料、饲草、纤维等，比草本植物效率高而又经济。

森林能调控水分，影响降水量和降水的分配。据研究，雨水降落林地，地被物吸收蓄存的占25%，生理作用消耗的水分占23%，渗入土壤中的占20%，树冠及树干截留而蒸发掉的占8%，由地表或表土渗流进入江河、湖泊及海洋的总量只占24%。就是说，76%的雨水为森林土壤存留或为植物在生理上利用。森林缓和了周围环境的温度变化，延长了无霜期，改善了草原、农田和牧场周围的生态环境，提高了环境的湿度，在一定的范围内增加降水量及水分的储备和输入，从而增强了草原和农田的抗旱能力。在暴雨季节，森林能滞缓地表径流速度，防止冲刷土壤。森林可防风固沙，稳定地貌。森林还具有放氧、吸毒、滞尘等保护环境、清除污染的重要功能，为牧草和牲畜的生长繁殖创造了良好的生态条件。

在赤道两侧南、北纬 20° 之间，终年高温多雨，植物全年可以生长，形成高大茂密的热带雨林生态系统。在南、北纬 25° ~ 35° 最冷月气温仍在 0℃ 以上，形成了亚热带常绿阔叶生态系统。在高纬度的亚寒带，冬季漫长，温度又低，形成亚寒带针叶林生态系统。在近极地带，湿度虽大，但气温过低、风力过强，林木已不能生长，而形成冻原生态系统。

上述各种类型的森林生态，均具有各自的结构。随着树种组成（如纯林、混交林、阔叶林、针叶林等）、树木年龄、树木之间距离等的不同，生态系统的功能和生产力也不一样，所提供的动植物资源以及抗御自然灾害的能力也都不相同。

系统的稳定性与种和种群的多样性有一定内在联系，也与大气及土壤环境有密切的关系。只要对森林进行合理的采伐更新，就可以做到青山常在，永续利用。

森林与畜牧业可以很好结合起来，只要进行适时、合理的轮牧，就有利于林地的抚育，使林地生态结构更合理。

（二）草原生态系统

全世界草地面积约 30 亿公顷，占陆地面积的 20% 左右。在欧亚大陆，自匈牙利中部开始，向东经前苏联的中亚细亚、西伯利亚、蒙古及我国的内蒙古、东北大平原，形成一条宽阔的草原带。此外，在北美中部、南美南部、非洲南部和大洋洲等地也有草原分布。

草原生态系统的特点是大陆性气候强，雨量稀少，一般年降水量在 250~450 毫米，多集中在夏季，而蒸发量往往超过降水量。草原生态系统的初级生产者以多年生低温旱生禾本科植物为主，如针茅、冷蒿、隐子草和羊草等。草原结构可分三层：草本层、地面层和根层，草本层的高度和覆盖度随雨量的多少而变化。

以草食动物为主的消费者，除家畜之外，主要有营穴居生活的啮齿类，如田鼠、黄鼠、旱獭、鼠兔、鼢鼠以及草兔、蝗虫等。肉食动物有沙狐、鼬和狼。鸟类有云雀、百灵、黄胸、毛腿沙鸡、地�、鹰、隼和鹞等猛禽。

种类繁多的各级消费者，组成了多条食物链。牛、羊、兔、鼠等草食动物经常被肉食动物，如狼和狐狸所捕食，而沙狐吃草兔又吃田鼠，野鼠吃草根和草籽，斑蝥吸吮草汁，蝗虫吃草，蛙吃蝗虫，蛇吃蛙，鹰吃蛇等等，多条食物链交织成复杂的食物网。

放牧是草原生态系统能量流动和物质循环的重要因素。充分利用草原太阳辐射能，是提高草原初级生产力，增加次级生产量——畜产品的物质基础的基本途径。

紫苜蓿人工草地的生长期为200天，每年割四次，每天每平方米承受12.552千焦的能量。据测定，经光合作用固定于干物质中作饲草的部分，为太阳能的0.77%，比天然草地的太阳能利用率0.1%高7倍左右。因此改善草地结构，适当增加层次，加大叶面积指数，选育光合作用能力高的优良牧草品种，进行灌溉和施肥，是提高初级生产力的有效措施。如果一块1亩的紫苜蓿的产草量可喂养4.5头肉用牛犊，转化为次级生产——牛肉的能量为4.98×10^{8}千焦，转化率只有8%。因此，研究培育从草转化为肉、乳效率高的家畜新品种，也是提高次级生产力的重要措施。同时，要建立能量减损少的食物链，提高能量传递效率，也可设法缩短食物链，使有机体靠近链的开端，以增大可利用的能量。适度放牧可以促进草原生产力的发展，因为草食家畜所不能利用的物质和能量通过粪便等又返回草原，使草原获得营养，提高生产力，牲畜的适度践踏有助于种子落入土壤，以利发芽生长。载畜量过大或草原啮齿类动物活动猖獗，均促使草原向退化方向演替，生产力受到显著影响。

（三）稀树干草原生态系统

这是地球上较大的生态系统之一，又称萨王纳生态系统。气候特点是降雨不多、雨季集中、全年干湿季交替出现。初级生产者为热带型干旱草本植物。地面上生长着稀疏的伞形树冠状乔木，具有树干特殊储水的组织。

（四）荒漠生态系统

根据温度条件，荒漠可分为热荒漠和冷荒漠，气候特点是雨量非常少，年降雨量不到250毫米。热荒漠的初级生产者极度分散，成灌木状和匍匐状生长，由合欢属、大戟属、柽柳属、仙人掌等组成，主要消费者为蝗虫、啮齿类和鸟类。

二、水域生态系统

水域生态系统的环境包括海洋、湖泊和河流，与陆地不同。水的密度大于空气，许多生物可悬浮在水中，借助水的浮力生活。水的热容量大，所以水温较稳定。水的密度在4℃时最大，低于4℃则密度变小，因此水面结的冰不会下沉，冰层下的水温则始终保持在冰点以上，水生生物仍可在冰层下生活。水是一种溶剂，能含有多种物质，保证水生生物得到营养而正常生长发育。但水域光照较弱，含氧较低，因而限制了水生生物的发展。

（一）淡水生态系统

根据水的流速，可分为流水和静水两种类型。流动水主要指河流、溪流、水渠等水体；静水指陆上的湖泊、沼泽、池塘、水库等水体。静水与流水是相对而言，静水并不是绝对静止不流动的水体，只不过流动缓慢，水体更换率一般为几十年直至上百年。

流水的速率受落差（水平单位长度的垂直变化）以及河床大小之间比率等的影响。一般情况下，河流下游流速较缓，温度升高，有效氧下降，河床底部多为泥底，流速常在 50 厘米 / 秒左右。流速大于 50 厘米 / 秒者，河床常为石砾。初级生产者在急流中多为藻类构成的附着性群落；缓流中除藻类之外尚有高等植物。流速为 14 厘米 / 秒时，生物量大约为 100 克 / 平方米，生产量平均为 235 克 / 天。当流速为 35 厘米 / 秒时，生物量大约为 175 克 / 平方米，生产量平均为 399 克 / 天。流速高，呼吸作用也高，因此流速是淡水生态系统的主要调节因子。食物链一般是水生植物—无脊椎动物—鱼类。

静水生态系统又可划分为滨岸带、表水层和深水层三种类型。

滨岸带主要分布在湖泊或池塘的沿岸，并向内扩张。植物种群的根系可从岸上一直延伸到湖或池塘内的底土，呈同心圆状分布。淡水处常见有芦苇、茭白、香蒲和水葱等。随着水深的增加，挺水植物逐渐被睡莲、萍蓬草、眼子等浮游植物替代。在水深处，植物的根系扎于湖底，茎叶和花全部都沉浸在水中，如苦草、狐尾草、金鱼藻等。水面有浮萍和无根萍等植物，以及脊椎动物如蛙、蛇等。

表水层又称光亮带，光照充足，温度高，浮游植物生产者主要是硅藻、绿藻、蓝藻、双鞭甲藻等。表水层含氧量高，光合作用旺盛，消费者主要是浮游动物如轮虫、枝角或桡足类等，为各种鱼类提供了丰富的食饵。

深水层处于光亮带以下，光线微弱，不能满足绿色植物光合作用的需要，所以深水层以异养动物和嫌气细菌为主。异养动物以各种小型浮游动物为食饵，细菌则分解沉落下来的有机残体，再度为藻类所利用。因此，表水层和深水层相互之间有复杂的营养关系。

湖水呈青蓝色、水中含氧高、生物生产力低的湖泊，叫贫养湖。湖水颜色深、水生生物种类和数量多、水下有机物质丰富、分解作用旺盛、无机物质多，给浮游生物提供充足的养分，因而生物生产量高，这一类为富养湖。

（二）海洋生态系统

海洋面积为 36100 万平方千米，占地球表面的 71%。海洋平均深度 3750 米，海水中含有 60 种溶解状态的元素，海水中水占 96.5%，其他为氯、钠、镁、硫、钙、钾、溴和碳等。

广义而言，全球海洋是一个大生态系统，其中包含许多不同等级的次级生态系统。每个次级生态系统占据一定的空间，由相互作用的生物和非生物，通过能量流和物质流形成具有一定结构和功能的统一体。

海洋生态系统按海区划分，一般分为沿岸生态系统、大洋生态系统、上升流生态系统等；按生物群落划分，一般分为红树林生态系统、珊瑚礁生态系统、藻类生态系统等。海洋生态系统研究开始于20世纪70年代，一般涉及自然生态系统和围隔实验生态系统等领域。近几十年，以围隔(或受控)实验生态系统研究为主，主要开展营养层次、海水中化学物质转移、污染物对海洋生物的影响、经济鱼类幼鱼的食物和生长等研究。

第五章 畜牧业生态工程

第一节 畜牧业生态工程概述

一、畜牧业发展与环境污染

我国的畜牧业发展创造了连续20年持续增长的奇迹。年均增幅接近10%，产值增加近5倍。畜牧业已成为中国农村经济中最活跃的增长点和重要的支柱产业。我国正由畜牧大国向畜牧强国迈进。然而，随着畜牧场规模越来越大，集约化和机械化程度的提高，畜牧村、规模养殖小区及千头牛场、万头猪场、百万只鸡场等规模化养殖场引起的环境问题已引起人们的关注。这些规模化养殖场往往建在大中城市的近郊和城乡结合部，由于环境法规不健全和资金短缺，绝大多数养殖场在建场初期考虑畜禽粪便处理问题目光短浅，致使不少养殖场粪便随地堆积，污水任意排放，污染了周围的环境，也直接影响着养殖场本身的卫生防疫，降低了畜产品的质量。

要实现畜牧业可持续发展，必须改善生态环境，无害化处理及资源化利用畜禽废弃物，保持畜牧业生产与环境保护的协调。生态畜牧是畜牧业生产发展到一定阶段和一定社会经济条件下出现的一个新学科。它不仅要解决畜牧场自身污染和外部环境污染对畜牧业生产的影响问题，即防止畜牧场本身对周围环境的污染，同时又要避免周围环境对畜牧业生产的危害，以保证畜牧业生产健康持续的发展，还要有效利用各种农业资源，包括农业废弃物资源。因此，资源利用、动物生产与环境保护的综合管理已为实现畜牧业持续发展的重要措施。

自20世纪80年代以来，中国的农业取得了让世人瞩目的成就，以占世界7%的土地，养活了占世界22%的人口。但中国农业的发展正受到土地锐减、水及其他资源短缺的限制。我国各种自然资源的人均占有水平均低于世界平均水平。除了短缺的农业资源外，农业环境也正面临日益污染问题，生态条件不断恶化。每年有大量化肥、农用化学品及塑料薄膜应用于农业，同时，大量来源于生活与养殖业的污水和当地工业与加工业的污水等排入农田。受损的农业生态环境使自然环境恶化，如果不针对这些问题采取有效及时的措施，我国农村生态环境将处在一个十分危机的境地，从而影响整个国家可持续发展战略的顺利实施。因此，生态农业作为一个新的农业发展模式和技术体系自20世纪80年代以来开始在我国实施，已经取得了可喜的成绩。目前已有101个国家级生态农业示范县，全国已有1/5强的县以生态学和生态工程学原理规划农业发展计划。

二、畜牧业生态工程的概念

畜牧业生态工程就是应用生态学、生态经济学与系统科学基本原理，采用生态工程方法，吸收现代科学技术成就与传统农业中的精华，以畜牧业为中心，并将相应的植物、动物、微生物等生物种群匹配组合起来，形成合理有效开发、利用多种资源，防治和治理农村环境污染，实现经济、生态和社会效益三统一的高效、稳定、持续发展的人工复合生态系统。畜牧业生态工程是生态工程原理在动物养殖这一特定领域的应用，是模拟生态系统原理而建成的以动物养殖为主体的生产工艺体系。它的全过程是畜牧业内部多畜种或牧、农、渔、副、加工等多产业的优化组合，是相对应的多种技术的配套与综合，是一个完整的工艺流程。所以，畜牧业生态工程作为一个新的领域，研究范围又如此广泛，其定义、内容等需要较长时期的完善与充实。许多工作刚刚开始，以上仅是在目前水平上的初步认识。

三、畜牧业生态工程的特点

“畜牧业生态工程”和“家畜生态学”是既有区别又有联系的不同概念。后者本身是生态学的一个分支，是研究家畜与其生存环境间在不同层次上相互关系及其规律的科学。它和草原生态学、海洋生态学一样，属生态学研究的一个专门学科。“畜牧业生态工程”本身是一种生产工艺体系，属于一个产业。通过低投入高产出地生产农、畜产品，其指导思想与理论是以生态学，尤其是家畜生态学的基础原理和研究成果为基础的。二者是理论与实践的有机联系。

畜牧业生态工程本身包括传统畜牧业的内容，一些成功的单项饲养技术与新方法的筛选与应用。但不是简单的多项技术叠加，它们是两个不同的概念，其主要区别有下列几方面：

（1）畜牧业生态工程所涉及的领域，不仅包含畜牧业的范畴，也包括种植业、林业、草业、渔业、农副产品加工、农村能源、农村环保等，实际是农业各业的综合；

（2）从追求目标上看，传统养殖看重于单一经济目标的实现，而畜牧业生态工程不只是考虑经济效益，而是经济、生态、社会效益并重，谋求生态与经济的统一，从而使生产经营过程既能利用资源，又有利于保持良好的生态环境；

（3）以指导理论看，畜牧业生态工程除了动物饲养等专业学科理论外，主要是以生态学、生态经济学、系统科学原理为主导理论基础；

（4）畜牧业生态工程注重太阳能或自然资源最合理的利用与转化，各级产成品与"废品"合理利用与转化增值，把无效损失降低到最低限；

（5）畜牧业生态工程把种植、养殖合理地安排在一个系统的不同空间，既增加了生物种群和个体的数目，又充分利用了土地、水分、热量等自然资源，有利于保持生态平衡。

四、畜牧业生态工程的组成和分类

（一）畜牧业生态工程的组成

畜牧业生态工程作为一种高效的人工生态系统，是由生物、环境、人类生产活动和社会经济条件等多因素组成的统一体。就每一种模式来看，范围有大有小，可以搞小范围庭院畜牧业生态工程或生态养殖场，也可以搞大水体（湖泊、水库）复合畜牧业生态工程。不管哪一种具体形式，一般都包括下列 5 项重要组成部分：

（1）农业生物。以家养动物为中心，包括与之匹配的农作物、饲料作物与牧草、鱼类及其他经济动物；

（2）生存环境。包括自然环境条件（水、光、热、土、气候等）和社会经济条件等；

（3）农业技术。包括动物饲养、繁殖及疫病防治；总体结构优化与布局、管理等；

（4）农业输入。包括劳力、资金输入；农用工业及能源、农业科技投入等；

（5）产品输出。多种农畜产品及加工产品输出。

（二）畜牧业生态工程的分类

畜牧业生态工程最基本的特征是功能上的综合性。因此，它包括的内容十分复杂。根据养殖动物生活环境的不同，可以把畜牧业生态工程分为陆地养殖生态工程、水体养殖生态工程和水陆复合畜牧业生态工程三大类，每大类又包括若干种模式。

第二节 畜牧业生态工程设计原理

家养动物生态系统是动物生命系统和环境系统在特定空间的集合。在一定边界内，动物、植物、微生物等通过直接或间接的关系有机地组合，形成特定的生态群落。在生物与环境、生物与生物之间，不断地进行着能量交换、物质循环和信息传递，构成彼此之间相互稳定的整体。畜牧业生态工程就是依据生态系统理论人工建造的，具有一定结构、功能和调节机制的开放系统。就是在生态学原理、生态经济学原理、生态工程原理和系统科学原理指导下，利用有关生物种群，结合不同地区的生态环境，选择最佳的资源配置与利用方法，进行以动物养殖为主的人工生态系统建造与调控。

目前，生态养殖已在全国各地普遍开展。这些畜牧业生态工程雏形有的效益较高，但大多数停留在依靠传统经验和机械模仿阶段。这些依靠经验组装或拼凑起来的模式往往因各组分匹配不合理，效益不高，无法推广或区域性很强，使推广受到限制。我国的自然条件（土壤、水分、光照、气候、地形地貌等）、生物因素（饲养动物品种、分布等）、社会经济方面（经济、技术、劳力、市场、国家计划、人民需要）地区间差异很大，畜牧业生态工程的具体结构、功能和做法决不会是一个模式。这就需要总结各地经验，遵循一套设计原理，使不同类型地区都能按照这些设计原理，结合当地的生态条件和经济条件，建造多种多样的、适合于当地条件的生态养殖模式。

一、生物间互利共生原理

自然界中没有任何一种生物种群能离开其他生物而独立生存繁衍，生物与生物之间往往存在着复杂的相互关系。生物间的关系一般分抗生与共生两大类。在农业生产过程中，过去多集中注意了生物种群间的抗生关系，而忽略了种群间的共生关系。共生可分互利共生和片利共生，互利共生指两个生物种群生活一起，它们互相从对方得到益处。互利共生又分为义务性互利共生和非义务性互利共生，义务性互利共生是指两种生物可以互相得利，为了生存，它们必须生活在一起，不能分开，这是一种永久性的共生关系，比如豆科植物与根瘤菌就属此种类型，根瘤菌利用植物的汁液和糖类生存，它从空气中固定氮素，又给豆科植物提供了养分；非义务性互利共生是指两种生物因共生而相互得利，但是，它们分开后也不至于死亡，如寄居蟹与海葵，即属非义务性共生。片性共生是指两种生物之间，其中一种利益又对另一种无害的共生关系，又分长期性片利共生和暂接触性片利共生，前者如藤壶附于鲸鱼体上，后者如鱼虾等潜于水草之中。

在畜牧业生态工程设计与建设过程中，如何巧妙地搭配组成种群，最大限度地发挥组成种群间共生互补关系，最大限度减弱和克服抗生作物，使组成和谐高效的人工生态系统，是建造畜牧业生态工程的关键。这方面比如“林—蛙结构”“稻鱼共生”等都是一些合理而高效的复合系统。

二、生态位原理

传统的生态位定义为“不同生态因子都具有明显的变化梯度，不同梯度可以各种生物所占据、适应、利用的部分称为生物的生态位。由于各种生态因子对生物作用的综合性，所以，对某一种生物种群来说，生态位是一个超体积和超空间的向量集”。随着生态学发展，其概念也不断深化。鉴于当今生态学的主要研究对象已从单纯的自然生态系统转移到社会—经济—自然复合生态系统，生态位概念也进一步拓宽。首先引入了生态元概念，即复合生态系统中进行生态学过程的功能单元。随之，把生态位定义为在生态因子变化范围内能够被生态元占据、利用或适应的部分，称之为生态元的生态位。生态元既可以是细胞、器官、个体、种群、物种、生物群落等各个生物组织层次，也可以是农户、养殖场、食品加工厂等其他功能单元。

不同生态元之间其生态位可能相同也可能不同，或者部分相同，部分不同。在同一时间、同一空间各生态元的生态位相同而且不能充分满足需要时，生态元之间就会发生竞争。如同一空间内两种动物均以某种植物为食时，就会产生生存斗争，彼此施加不利影响。为了避免或减少对相同生态位的竞争，大多数生态元都会发生空间和时间分化现象。另外，由于一种生物种群对环境的影响，可以形成另一种生物种群的生态位。如树木的枯落物积于地表，其丰富的有机质和阴湿的环境、微弱的光照、疏松的地被物层，给蚯蚓构成了一个理想的生态位。

在畜牧业生态工程设计中，根据生态位原理，人们可以把各种不同种群合理搭配，合理利用现在生态位，使生态位效能得到充分发挥，常见途径有：引入新的生态元，如苇—鱼—鸭结构；去除有害生态元，如稻田养鱼除草、食害虫；替代低效生态元，如以高产优质畜禽品种取代低劣品种。这种互为条件、互相防护的“复合群体”使农业生态系统资源利用更充分，生物量产出增加，自身防护性能提高。

三、环境节律与生物机能节律配合原理

自然环境因子中的光照、温度、湿度有日、月、年的周期变化，这种周

期性变动在不同生态系统中是不同的，这种周期性波动，称之为环境节律。作为人工生态系统的农业，人们对农业投入的物质和能量因受其社会条件变化的影响也有其特殊的变化，这种波动实际也属于农业的环境节律范畴。另一方面，每一种生物的生长、发育，以及其对自然资源的需求是不一样的，生物种群在每一昼夜也在不断变化，这种波动变化称之为生物的机能节律。不同生物种群的机能节律具有其特殊规律。

生物的机能节律与自然资源的变化节律和谐，是生物生产量提高的关键。自然生态系统的节律配合关系，是经过漫长的自然选择而形成的，生物种群机能节律与环境节律配合得十分合理而稳定，生物种群以自己的机能节律变化，及时有效地利用环境资源，完成自己的生命周期。例如，森林中的松鸡等鸟类，繁衍后代的时间则正好与森林植物果实（种子）成熟的季节相吻合，以便雏鸟有足够的食物。而人工控制下的生态系统，其形成历史比起自然生态系统来说，则是十分短暂的，加之人类对生物群体控制的不足，使这两个节律配合的不尽合理，造成了对环境资源利用不充分，限制了系统生产力的充分发挥。要想提高畜牧业生态工程的功能，必须应用环境节律与生物机能节律配合原理，在生物种群安排上，尽量使各种群的机能节律错开，以便合理利用资源，防止竞争消耗。

地球上绿色植物转化固定太阳能形成第一性产品，植物被草食动物所食，草食动物为肉食动物所食，它们的残体又可为小动物、真菌、细菌所吞食或分解。以这种吃与被吃关系形成的关系称之为食物链关系。比如，树叶为昆虫所食，昆虫为蛙吃掉，鼬又以蛙为食，形成了一条捕食性食物链。

当然自然界生物间的关系往往要复杂的多，很多食物链交织在一起，形成复杂的食物链网络，这种结构组成了生态系统物质能量的传递、富集与分解。在生态系统中，这种网络结构越复杂，生物间互相制约的机制越强，系统越稳定。农牧生态系统重要的问题就在于其结构简单，它的稳定需要人类以很大的物质和能量投入来调控。在畜牧业生态工程中，一方面要建造合理的食物链结构，以保证所建造人工生态系统稳定和高效，另一方面，可用人工食物链环节取代自然食物链环节，以提高人工生态系统的效益。

这条取代的食物链就较上述的捕食性食物链在经济上有一个很大的提高。另外，一些价值不高和不能直接为人类所利用的农牧副产品或畜禽粪便，假如人工增加一些以此为食的食物链种群，将其转变为人类利用价值较高的产品，从而提高人工生态系统的经济效益和社会效益。草食动物、食用菌、蚯蚓等种群常被加在这种人工加环的食物链中。

四、物种多样性原理

生态系统中的顶极群落，是最稳定而高效的。其主要原因是组成生物种类繁多而均衡，食物链纵横交织，其中一种偶然增加或减少，其他种群就可以及时抑制代偿，从而保证系统具有很强的自我组织能力。以单纯追求某一种产品产量为目标，以高度受控的工业系统经营方式建造的人工生态系统，生物种群单一，受自然因素影响强烈，这种系统完全失去或大部分失去自我调控能力，在很大程度上依赖于人工投入能量物质来维持其稳定机制，这势必造成能耗加大，成本提高，环境质量恶化。因此，畜牧业生态工程应当根据物种多样性原理，尽量建造成稳定性较强的复合群体。如浙江、江苏的高效益生态养猪就是以饲料、能源的多层次利用为纽带，以养猪为中心的多物种有机结合的不同循环类型的生态系统。

五、种群置换原理

自然生态系统的生物种群几乎都是自然选择的野生种群，而人工生态系统的主要种群则是长期人工选择下形成的人工种群。前者是为了自身的繁衍，后者则是有利于给人类提供所需产品。畜牧业生态工程则应最大限度地利用经济、生态效益均比较高的生物种群，并通过人工调控其结构的方法减少耗损，这样形成的复合群体其效益比自然群落更高些。例如，在一些人工生态系统中，以豆科作物、高产牧草代替野生草本植物；以人工栽培的食用菌取代自然界的真菌类；以人工培育禽类品种置换野生鸟类等都取得了较高的生态效益和经济效益。

六、景观生态学原理

景观生态学是近年来发展起来的一门生态学分支科学，它以整个景观为研究对象，研究的基本核心是景观要素间的相互关系，重点在于解决空间异质性的维持和发展，各异质组分之间在时间和空间上相互作用及能量物质转换循环机制。在畜牧业生态工程总体设计时，要根据景观生态学原理，按地貌、土壤、植物、动物、水文等要素，合理地协调建成异质的“团块”“廊道”状分布，使各组分间合理配比。在考虑生产上的合理与高效的同时，充分体现景观的多样性，发挥各组分之间的相互防护、相互隔离、边界效应等“相生”作用。例如，在丘陵区设计畜牧业生态工程，动物饲养区、饲料加工、植物生产区、污物处理等都要按照景观生态设计要求，根据丘陵区地形特征、水系走向、交通线路、居民区特点，进行不同的等高分布和交叉结构设计，使既便于综合养殖生产活动，又形成自然环境和社会谐调的景观。畜牧业生态工程建设景观生态设计的主要类型有：综合利用类型，多层利用类型，补缺利用类型，循环利用类型和自净利用类型等。

七、“三元协同”法则

生物控制、环境控制和结构控制是人工生态系统功能提高的三要素，简称“三元”，它们之间存在着互相促进、互为条件的密切协调关系。生物控制指通过对生物种群遗传特性的改变和饲养，增加生物种群对环境资源的转化效率，加速能量流和物质流的“流量”和“流速”，增加生物种群的生产力。环境控制指的是为了增加生物种群产出而进行的一系列建造良好生态环境的所有措施，目的在于改变不利环境条件为有利，或者削弱不良环境因子对生物种群的危害程度。结构控制主要指改变不合理的种群结构为“最佳”结构，用不同种群合理匹配，建成新的复合群体，多层次合理利用资源，增加系统生产力。“三元”之间任何一“元”发生变更，其他“元”也必然随之变更。人工生态系统调制的重要任务之一，就是要及时合理地进行“三元”协调，使其结合功能最高。根据“三元”协同法则，在设计畜牧业生态工程时，就可以使其能流在一定程度上按人们所希望的方向流动。

八、生活要素组合理论

农牧业生产的实质是一个生物学过程，是在一定社会、经济、技术条件调节与控制下的生物学过程。农业的生产潜力决定了农业生产生物的潜力，而生物潜力的挖掘与否及挖掘程度，又取决于社会经济及技术条件。农业生物在其生长发育过程中，总是在其生长环境中有顺序、按比例地吸收各种生活要素并最终形成一定的生物产量。这就是农业发展的生活要素规律。生物吸收的要素数量与结构不会随社会形态、市场价格、土地所有制形式的变化而变化。农业生物运动与发展的这一客观规律称之为生活要素组合理论。该理论的基本内涵包括：一是每一个地方都有其最适宜的生物种类、数量与结构；二是每一种生物都有其最有顺序、按比例地吸收或利用各种生活要素；三是数量相对较多的生活要素会造成浪费，数量相对过少的生活要素则构成生物生长发育的限制因子；四是生活要素之间具有交互、补偿作用；五是自然界生活要素的组合结构与水平，决定了农业生产潜力；六是农业系统中人工投入的生活要素不足，进而转变和消除限制因子；七是生活要素同生产要素的最佳匹配，才能高效益地实现农业生产力；八是农业生物的生活要素主要有光照、热量、水气、空气、土地及各种营养物质、媒介生物等。农业生产的生产要素包括生产力的三要素（劳动力、劳动对象和劳动资料）、科学技术、管理及调控能力等。

在畜牧业生态工程设计时，应用生活要素组合理论，搞清不同地区、不同畜禽及作物的生活要素的数量、结构需求及时间分配，确定限制因素（相对数量较少的生活要素），以选择合适的生物结构，进行要素组合模型与生物类型及结构的最佳匹配，提高资源的产出率和人工投入的产投比，形成稳定、高效的区域化、专业化的商品生产。

九、“大农业”观点

著名生态学家侯学煜教授提出的“大农业”观点，是我国生态农业建设的重要指导思想之一。这是因为我国是一个多山的国家，山区、丘陵面积约占国土总面积的67%，106亿亩农业用地中，耕地和可耕地仅为20亿亩，其余86.6亿亩（包括水面4亿亩）只能造林、种草和发展养殖。这种土地结构特征，决定了我国农业发展仅仅盯住种植业是没有出路的。“大农业”观点强调着眼于960万平方千米国土，种植业、林业、草业、畜牧业、渔业综合发展。这种构思是畜牧业生态工程设计与建设中很重要的一条原则，即把眼光放在设计区全部资源的统筹安排上，在生物种群选择上使用农作物、饲料作物、林果、牧草、畜禽、水产品充分配合协调，多层次地合理利用各种资源。

第三节　畜牧业生态工程设计

畜牧业生态工程模式设计过程大致包括环境工程设计、生物种群选择、生态工程结构设计、总体工程修正优化四部分。

一、环境工程设计

生物的环境一般可分为物理、化学、生物学和群体（或称社会）四个方面。环境因素，不论是自然因素或人为因素，可以各种各样的方式，由不同的途径，单独或综合地对生物机体发生作用和影响，并且通过生物机体的内在规律，引起各种各样反应。生态养殖的主体是动物，环境是动物的生存条件，动物与外界环境经常进行着物质交换和能量交换；动物依赖外界环境而生长、繁殖和生产各种产品；动物接受外界环境的刺激，增强体质和提高生产力。但另一方面，外界环境也存在对动物机体有害的各种因素和刺激，若那些有害的因素超过动物机体所能忍受的限度，则动物生理机能失调，轻则影响健康和生产力，重则引起疾病甚至死亡。环境工程设计与建设的目的就是充分利用那些有利因素，消除和防止那些有害因素，以保证生物正常生长发育和提高生产性能。

以动物为中心的环境工程是畜牧业生态工程的重要组成部分，环境工程设计与整个生态工程是有机联系的。环境工程包括内容很多，以生态牧场设计为例，大致包括场址选择与分区设计、家畜环境控制与畜舍类型设计、畜牧生产废弃物处理与利用设计、改善自然环境的水土工程设计等。

（一）场址选择与分区设计

选择生态养殖场的场址时，应根据养殖场综合经营的种类、方式、规模、生产特点、饲养管理方式以及生产集约化程度等基本特点，对土质、水源以及居民点的配置、交通、电力、物资供应等条件进行全面的考察。良好的生态养殖场环境条件是：保证场区具有较好的小气候条件，有利于畜舍内空气环境的控制；便于严格执行各项卫生防疫制度和措施；便于合理组织生产，提高设备利用率和工作人员劳动生产率；分区合理，各综合经营项目协调发展。

在所选定的场地上进行分区规划和确定各区生产、建筑物的合理布局，是建立良好牧场环境和组织高效率生产的基础工作和可靠保证。一个牧场通常分三个功能区，即生产区、管理区和病畜处置区，分区规划的原则大致是：

1. 在满足生产的前提下，尽量节约用地，建筑物少占或不占可耕地。

2. 因地制宜，合理利用地形地势。例如，利用地形地势解决挡风防寒、通风防热、采光，有效地利用原有道路、供水、供电线路以及原有建筑物等，以创造最有利的牧场环境、卫生防疫条件和生产联系，以达到提高劳动生产率、减少投资、降低成本的目的。

3. 全面考虑畜禽粪便和牧场污水的处理与循环利用。与种植业、沼气、蚯蚓养殖等有机结合。

4. 采用分阶段、分期、按单元建设的方式，规划时对各区应留有余地，尤其生产区规划最应注意，使其既符合总体规划要求，又保证发展的需要。

牧场分区规划时，首先应从人畜保健角度出发，考虑地势和主风向，合理安排各区位置，以建立最佳生产联系和卫生防疫条件。

（二）畜禽环境控制与畜舍类型设计

每一种生物对每种环境因子都有一个适应范围，这个范围的上限，就是生态学的最大量，下限就是最小量，上限与下限之间的幅度就是耐受限度。在耐受限度内，有一个最适合于该种生物的区域，称为最适范围。就一个物种而言，当环境因素的强度处在最适范围内时，该种生物的数量最多；当环境因素超出最适范围而趋向上限或下限时，生物数量就减少；当超出上限或下限时，物种就灭绝。

家畜的生存环境中，常有一两种因子居于特别重要的地位，对畜禽起着决定的主导作用，称之为主导因子。温度、光照往往是主导因子。家畜环境改善控制与畜舍类型设计，主要是针对当地主导因子而言的，它包括两层意思，即低限度的控制，旨在缓和主导因子下限对家畜的影响，以降低家畜环境应激而造成的生产力下降、产品质量降低、饲料的额外消耗和发病率、死亡率的提高；高限度控制，旨在为家畜创造适宜环境，以获取高的生产效率和低的发病率及死亡率。

设计、建筑适宜的畜舍是改善和控制家畜环境的主要手段，但不是说有了畜舍就可以为家畜建立理想的环境，只有通过畜舍有效的环境控制，同时配合日常的精心环境管理，才能取得满意的效果。有关畜舍设计与环境控制需遵循的几条原则是：

第一，畜舍及改善家畜环境的工程技术措施，实质在于协调家畜和其周围环境之间的热交换和热平衡。各地在选择畜舍形式与结构、确定环境控制程度及采取相应措施时，应根据不同的气候特征，因地制宜，不能生搬硬套。

第二，注意节能、节粮、充分利用有利的自然条件和家畜自身对环境的适应能力来改善家畜的环境。我国能源紧缺，用作饲料的粮食也极其有限，这就决定了我国不能走完全依赖电能与燃料控制环境的道路，也不能走粮食过剩以额外的饲料消耗来换取节省基建投资和代替电能与燃料的途径。利用自然条件和动物某些行为习性及自身对环境的适应能力，来改善家畜的环境，是符合我国国情和国力的。如，根据猪遇冷找窝、相互依偎取暖的行为习性，在不保温的简易舍内设置临时局部封闭的保温防风窝，在这里靠猪自身热形成适宜的温热环境，有利于猪生长发育。

第三，任何改善和控制环境的工程措施和技术措施在经济上必须合算。即必须考虑增产收益能否补偿为改善环境而耗费的投资，不能只追求理论上的合理，而不计代价。如，封闭的环境控制舍，对于纯靠精饲料饲养的家畜及幼体效果很好。但由于造价高，需依靠能源控制环境，在低耗高效的生态养殖场中很少采用。动物为维持个体的生存，需要呼吸、采食、饮水、排泄；为了种族的生存，必须繁衍后代。动物生产过程正是这两个过程的体现。因此，动物生产不仅有别于工业生产，也不同于农业生产的其他部门。它的特点是，在为其改善环境的同时，本身又产生许多污染环境的物质，这就增加了家畜环境的复杂性与改善和控制环境的艰巨性。这需要畜牧学家和畜牧生产者与农业工程专家密切合作，使畜舍建筑的设计、设备的研制顺应家畜的行为习性和家畜对环境反应的生理学基础，以及环境的物理条件对家畜生理过程。

（三）畜牧生产废弃物的处理和利用设计

畜牧生产的废弃物有粪便、污水、畜产品加工废料等，对其处理的基本原则是：畜牧生产所有的废弃物不能随意弃置，不能弃之于土壤、河道而污染周围环境，酿成公害，应加以适当的处理，合理利用，化害为利，并尽可能在场内或就近处理解决。

动物粪便处理与资源化是生态养殖的主要内容。动物粪便通过土壤、水和大气的理化及生物作用，其中微生物可被杀死，并使各种有机物逐渐分解，变成植物可以吸收利用的状态，并通过动、植物的同化和异化作用，重新转化成为构成动、植物体的糖类、蛋白质和脂肪等，从而构成了粪便的自然界循环过程。这种农牧结合、互相促进的处理办法，既处理家畜粪便，又保护了环境，对维持农业生态系统平衡起着重要作用。

二、生物种群选择与匹配

农牧生态系统是以人工建造的生物群落为主的生态系统。就畜牧业生态工程而言，它的效益高低主要由生物种群的组合决定的，种群的选择与合理匹配直接决定着结构合理与否。

（一）种群选择

种群的选择一般根据当地自然环境和社会环境两个方面来确定。

1. 依据自然环境选择适宜种群

自然环境包括气候、土壤、植物、水文、地形地貌等，这些因素在各个生态区域内从宏观上看是比较稳定或变化不大的，它直接左右着种群的分布。如牦牛只分布在以青藏高原为中心的高山地区，这种适应于高山草原生态环境的特征是长期适应生存的结果。所以，在种群选择时应以适合当地自然环境条件的传统种群为主，同时也要考虑把一些经过多次试验，生产性能和适应性表现良好的种群选出。

总的原则是充分合理利用当地资源。一是考虑种植业、林业、牧草、畜牧业、渔业等综合协调发展；二是考虑各种群间在时间和空间上相互作用及能量物质转化循环效率。这样，既高效充分地利用了自然资源，又确保有较高环境质量。南方基塘生态工程所呈现的田塘交错、塘鱼基桑、鱼蚕两旺和谐高效田园景观，就是成功一例。

2. 依据社会环境修正适宜种群

以自然环境选择的适宜种群，还应适应社会因素的影响。社会因素环境主要包括政策法令、生活水平、市场变化等，它们对种群的影响往往有突然性和不稳定性。这种大起大落有时对种群结构的破坏是严重的。

根据社会、经济和自然环境等诸因素要求，可以筛选出许多适宜种群。对这些适宜种群需进行综合评审，评审指标不易过多，通常从产量、能量、价格、产投比、再利用率等几个方面综合评判即可。通过综合评审优选出的种群，合理匹配，才能形成合理布局的优化种群结构。

（二）种群匹配

在人工生态系统中复合种群的应用已为很多人所接受并显示出良好效果。在种群选择好后，确定主种群和副种群，并合理匹配组合成高效的复合种群是养殖生态工程设计的主要内容。在主种群确定之后，根据种群间共生、互生、互补等相互关系，选择匹配副种群时，主要从下列几方面考虑：

1. 主、副种群间食性要有分化

动物间多层次组合和水生生物垂直分布是动物生态养殖的主要形式。主养动物和副养动物食性要有一定差异和一定互补性，如青、草、鲢、鳙、鲤混养在水体中，就是一个高效的匹配结构。青鱼肉食性以底栖的螺蛳、河蚌等为食物；草鱼草食性，以草为食，其粪便使水中浮游生物大量繁殖；鲢鱼以浮游植物为食，鳙鱼以浮游动物为食；以上这些鱼的粪便及食物残屑又成了鲤鱼的好饲料。这种高效的种群间食物链互作结构，已在养鱼业中普遍应用。

2. 尽量扩大空间分布

根据生态位多层次性原理和生物与环境的相互作用原理，在一种或几种生物存在的情况下，会为另一种生物创造生存环境与条件并为之所占据和利用，成为它的适宜生态位。在副种群匹配时，应注意这些潜在生态位，扩大种群的空间分布。如聚合草和蚯蚓结合，叶片茂盛的聚合草下部的枯落叶，积于地表，加之微弱的光照、阴湿的环境为蚯蚓的生存提供了理想的环境，蚯蚓的活动又促进了聚合草的发育。

3. 主、副种群间没有或很少有共同性疫病，或一种动物对另一种动物的某些病虫害有抑制和防除作用。

4. 主、副种群生物各自形成小环境应对对方，两个种群的分泌物、排泄物最好应互相有促进作用，起码互无影响。

5. 多种群匹配时，收获期应早、中、晚配合。按市场需要，产品多样化与全年均衡供应。

三、生态工程结构设计

生态种群工程结构建设，主要是指人工有效控制和建造的生物种群结构。种群结构是复合群体系统功能的基础，通常指的是生物种群在系统内从空间到时间上的分布和食物链上的组成。生态工程设计的目的就是以最佳的种群结构对环境资源最大限度地适应与利用。通过有效的控制措施，在同样物质、能量输入的情况下，增加产出。生态工程结构设计内容包括空间结构设计、时间结构设计和食物链结构设计等。

（一）空间结构设计

空间结构包括平面结构和垂直结构。

1. 平面结构设计

目前对平面结构研究的较多，各地搞的产业结构调整大多属这种类型。平面结构指的是在一定生态区域内，各种群或生态类型所占比例与分布特征，这是系统结构的基础，它本身又是由许多亚系统部分组成的。植物生产、动物生产及二者生态接口生产是结构的第一层次。在第一层次确定后，再进行下一个层次，这样层层相扣，定位定量，便于结构的调控。

平面结构设计的关键是改变传统农业生态系统结构控制范围，如珠江三角洲的桑基（蔗基）鱼塘，江苏的粮—猪—鱼模式等，都是以结构控制作为中枢的，使有限的耕地（水面）获得更多的产出。通过结构控制，扩大资源的合理利用，这对于一个人均耕地不足 1.4 亩的大国来说，有着重要的现实意义。

最佳平面结构要求种群不但适应自然资源特点，也要满足国家计划和人民生活需要等社会要求，同时还能促进本系统的良性循环。

2. 垂直结构设计

畜牧业生态工程的垂直结构设计，是一种不同种群组合、匹配并进一步组成高效能复合种群的过程。可分为植物与动物、动物与动物、植物与真菌等多种配合方式。动物间的多层次组合和水体水生生物垂直分布是生态养殖垂直结构设计的主要内容。垂直结构设计一般遵循下列几个原则：

（1）模拟、借鉴自然生态系统

自然生态系统中大多数的群落，从垂直分布来看是十分复杂的。在陆地的不同高度和水体的不同深度都有不同的种群占据着各自适宜的小生境，形成一个分层明显的复合群体。正是由于自然生态系统中按不同的小生境梯度形成了一个个最大限度的层层利用自然资源的合理格局，才保证了其系统的稳定和平衡。在生态工程空间结构设计中，应借鉴自然生态系统中的垂直结构模式，把不同种群合理组成复合群体，使复合群体对资源利用最充分，对不良外界环境条件抗逆性最强，经济产品的综合产量最高。

（2）加厚利用层

加厚利用层就是在单位平面上适当地加厚垂直利用面的厚度，使生物有足够的资源转化空间，在不同的垂直梯度中合理安排不同种类，使外界投入的能量和物质，经过多次的吸收转化，最大限度地减少无效耗损，尽可能多地转化成经济产品。如猪—鸭—鱼综合养殖，池塘坝堤上建舍养猪，猪粪肥水，水面养鸭，水中养鱼，由于利用层延伸，经济效益成倍增加。

（3）各种间互补

即两种或两种以上生物共同生活在一起，互相间在功能上有互相补充、互相促进作用。种间互补作用包括种间营养互补、光热等生态因子互补、食物链互补、抗性互补、分泌物和排泄物互补等。种间互补是选择复合群体组分的重要标准，否则，不但不能达到多层次利用资源的目的，还会导致系统效益降低和系统瓦解。这方面我国已有一些成功的经验，如稻鱼共生结构，就是利用稻田多水特点，在水田中放养鱼类，利用鱼类吃杂草，鱼粪肥水，促进水稻生长。这种巧妙的植动物复合结构做到了互利互惠，增加了系统“产出”，减少“输入”，是一种合理的互作种群结构。

3. 植物生产和动物生产的关系

植物生产为第一性生产，绿色植物的产品为一级产品，这种产品有些作为商品直接输出，另一些则要经过 1~2 次或更多次动物生产转化，才能形成高价值产品。动物生产为二级或三级生产，也就是说某些一级产品是第二性生产的资源，二级产品属第三性生产的资源。可见，二、三级生产的结构是由第一级产品所决定的。因此，农牧生态系统的植物生产结构调控是至关重要的，某一生态区域植物生产往往决定着动物种群的组成与数量。但畜牧业生态工程强调的是二、三级产品，而不是单纯的第一性生产，所以动物生产结构调控信息反馈给植物生产种群，并加以修正，使之符合动物生产结构的要求。

以牧为主的农牧生态系统中，动物生产对植物生产种群的要求是一级产品向二级、三级产品转化的效率要高。即一级产品作为商品直接输出后，其剩余物的数量和潜在能量要多，这样转化成的二级产品（肉、蛋、奶）时，转化效率就高。

（二）时间结构设计

上述的空间结构设计是在系统结构的平面或立面上提高资源利用率。时间结构设计是通过协调生物种群生长规律与自然资源和社会资源的时间节律，提高整个系统对资源的利用效率。一个自然生态系统，它的生物种群机能节律与环境节律的配合是十分合理与稳定的，即生物种能以自身机能节律的变化，及时有效地利用环境资源，完成其生命周期，这是经过长期自然选择的结果。畜牧业生态工程是人工控制、调控建造而成的，由于人们对自然规律尤其是生物群体控制水平掌握得不够，目前不能像自然生态系统那样，使不同种群的时间搭配十分合理。如两栖类（蛙）和爬行动物（鳖）随着冬季来临，温度降低，生长发育逐渐停止，并进入休眠状态。人工生态系统则完全可以利用人工调控资源，如通过环境工程，将温度调整到生物适宜生长发育温度，延长资源转化时间，从而提高生物量。畜牧业生态工程时间设计就是根据各种资源的时间节律和各种人为手段技术，合理安排种群，使之能有效地利用各种资源，最大限度地把自然资源转化成农畜产品，提高农牧生态系统的经济效益。

时间结构类型在畜牧业生态工程中，大致有两种：

1. 种群搭配型

农业种群与自然种群的最大区别之一，就是对自然资源的利用不尽合理。不同的生物生长发育周期有长有短，同一生物不同生长发育阶段对生活空间及营养需要都有不同要求。若要满足其个体最适宜的生存空间，整个生育周期都按个体最大需要来确定种群大小，就容易造成资源浪费。一般农业生物种群幼龄期需要空间和资源相对较少，常规单一经营浪费很大。实践证明，可以根据不同种群的不同期间资源、利用情况，或一些种群幼龄和成龄的不同要求，确定其时间和数量变化序列，按种群机能节律，选择两个以上在时间上互补的种群，构成相互搭配的合理种群。例如，养鱼生产中的混养和轮养，就较全面而又合理地利用水体资源。发挥养殖鱼类间的互利作用，多鱼种或多规格套养，在一个生长季节中多次捕捞多次补放，全面地利用水体空间。

2. 生物控制型

根据雪佛德的耐度定律，一个生物种群能够出现和生存下来，必然要依赖一种复杂的情况全盘存在。若使一种生物种群削减，则只需对其中任何一项因子性质加以改变或数量予以增减，使其达到该种生物耐力的界限之外即可。农业生物种群常出现的几个限制因素就是温度、光照等。若能采取一些人工设施改变这一两个限制因子，就可以使生物生长发育延长。近几年我国北方采用的暖棚养鸡、养猪，就是利用塑料大棚吸热保温，使温度这一限制因子控制在生物较快生长发育的温度内，通过生物控制，延长和提高资源的转化。再如，早春利用温室或温泉水室内育鱼苗，当室外水温达到要求时立即放养，延长了鱼的生长期，增加了产量。这些都属于生物控制型的范围。

总之，根据农业生物种群季节性和周期性的特点，在时间结构配置时，应注意以下几条原则：一是长生长周期种群与短生长周期种群搭配，以提高前期的经济效益；二是生产种群在四季中的合理搭配，使农牧产品按社会需求，避开上市高峰，四季均衡供应；三是有时间性动、植物生产与无时间性动、植物生产合理搭配；四是分析该区主要限制因子，自然环境与生物控制相结合，调节生物的季节与周期。

（三）食物链结构设计

在自然生态系统中，生物量在逐营养级转化过程中存在着“十分之一规律”。即系统的食物链越简单，它的净生产量就越高。但在人工生态系统中，尤其农业生态系统的建造是为了给人类提供更多的所需品。即人类不仅需要粮食、水果、木材等绿色植物生产的一级产品，也需要肉、蛋、奶等以一级产品为资源生产的二级产品或三级产品。系统分析一下一个食物链单纯的农田生态系统，可以看出，净生产量提高与经济效益增加并不显著。绿色农作物净生产量增加 100%，其中提供人类直接需要的部分，只占总量的 20%~30%，其余 70%~80% 直接或间接又回到了自然界。由此看来，这个系统所供人类直接需要的部分并不多，经济效益也不太高，但这 80% 左右不能供给人类直接需要的一级产品，大部分是二、三级产品的资源。根据食物链原理，在加入新的营养级后，这些副产品经新加环节的转化，就可以增加系统的经济产品产出，这就是食物链加环。食物链的“加环”和“解链”是生态学原理在农业上应用的一个重大突破。根据生态学家云正明、刘金铜等研究，农业生态系统的食物链结构可分为三种类型。

1. 加环食物链

根据农牧业生产的特点，在原有食物链的一定部位，加上一个或数个营养级，形成格局更复杂的食物链。原食物链加环后使得农牧生态系统的产品增加了几倍，实现了系统净生产量的层层利用。食物链加环，根据不同性质，又可以分生产环、增益环、减耗环、复合环等几种。

2.“解链”食物链

农牧产品大多为人类所食用，但在当今随着科学的飞速发展，环境污染日趋严重，一些有害物质往往随着食物链的传递，逐级富集并进入人体。通过解链食物链设计，可以防止和减少这种趋势。所谓解链食物链就是当有害物质沿食物链富集达到一定浓度前，改变传递方向，及时地使之与人类相联系的食物链环节中断。例如城乡垃圾是重要污染源之一，用蚯蚓处理有机垃圾是一条处理垃圾的有效途径，而且蚯蚓是动物养殖业中的良好动物蛋白源。但处理污染物垃圾的蚯蚓不可避免要富集大量有害物质，要充分利用蚯蚓，又不给人类带来严重危害的有效方法，就是设计一种解链食物链。具体方法是用蚯蚓作貂、银狐等毛皮兽的饲料，貂皮作为商品用于人类。这样既利用了各种资源，又防止危害人类身体健康。

3. 产品加工链

农牧生态系统是一个“人—自然环境—生物”相互作用复合系统。人既是消费者，又是重要的生产者。农牧产品输出分有效输出和无效输出，前者指能直接为人类消耗部分，后者是不能为人类消耗部分，常规农牧业基本上以原产品输出为主，无效输出部分比例高。产品加工链就是在农牧生态系统输出产品之前，引入加工环节，使产品变成成品、精品输出。这样经加工环节转化，增大系统有效部分输出，提高系统功能。其他无效输出部分直接返回土壤库，减少系统的物质能量输入，减少城乡污染，同时开发利用了广大农村的劳力资源。

四、总体工程修正优化

畜牧业生态工程是一个农、牧、渔、加工等各业有机结合的大系统。各层次、组分之间存在着互为因果的协调关系。要最大限度地发挥其总体功能，其系统总体结构必须合理。因为一个系统的整体功能不等于各组分单独功能的总和，全部组成最优化加起来往往不是整个系统的最优化。

畜牧业生态工程设计本身是一个选择优化工艺流程和合理生产结构的过程，可能设计有各种各样的方案，如何选择一个最佳结构呢？这需要运用系统分析的方法，对最佳结构设计进行计算。经过比较修正决策，确定优化方案。其步骤是：

1. 方案评价

在决策前，先根据要达到的目的，对各种结构方案进行评价比较。评价指标体系组成包括产量、能量、经济效益、产投比、环境与景观效益和发展前途与稳定程度等。

2. 综合决策

各项评价指标经专家系统评审加权后，称之为综合决策指数。它是畜牧业生态工程最佳结构决策的基本指标。

3. 社会修正

在方案择优过程中，不能完全按综合决策指数进行，还应考虑到地区的流通、调剂、互通有无，以发挥各地区的优势。

4. 模拟运行

对设计方案进行计算机模拟运行，看它的流畅程度，后交给试验区有关部门和技术人员进行可行性讨论或小面积的实施。发现问题及时反馈修正，最后确定可行的优化实施方案。

第四节 畜牧业生态工程模式实例

一、草、牛、鱼种养循环模式

利用野草和种植的牧草饲喂肉牛，肉牛粪喂鱼形成种养互为利用模式。

（一）具体做法

一是种粮种草，养畜养地，即玉米间草木樨，玉米的茎秆、籽实产量基本不减，每亩多收草木樨鲜草1000多千克，加上秸秆成熟玉米青贮，可解决半年吃不到青草的问题；二是肉牛粪发酵后可喂鱼，清挖塘泥可作种植牧草的肥料。一般10头肉牛粪可以喂5亩塘鱼。

（二）经济效益

草木樨根瘤固氮，后茬可增产30%左右。据试验，一亩玉米间种草木樨可固氮2.5千克，土壤增加有机质0.15%左右。五亩玉米地间种的草木樨，可饲养一头奶牛，年纯收1500元，五亩塘鱼，净增鲜鱼达1000千克以上，仅鱼一项收入就可使循环饲养获利2000多元。

二、牛、鸡、猪、鱼循环养殖棋式

随着畜牧业的发展，多种食物链喂养模式不断出现，并在养殖实践中发挥出越来越高的经济效益，这里介绍一种简单易行、见效快、收益大的牛、鸡、猪、鱼循环喂养模式。

（一）具体做法

1. 牛粪喂鸡

收集一头牛一天所排的粪便，加入糖麸15千克、小麦粉2.5千克、酒曲3.5千克，然后对水（以手抓成团，松手能散为宜）、拌匀，装入塑料袋或缸内封口。使其发酵，夏天约需1~3天，春秋约需5~7天，冬天约10~15天。发酵好的牛粪松软，无臭，呈黄色，带酒酸味。发酵的牛粪与35千克鸡日粮混合，可喂350~400只鸡两天。

2. 鸡粪喂猪

用同样的方法将鸡一天排出的粪便收集，加2.5千克糠麸、2.5千克小麦粉、2.5千克酒曲混合发酵，发酵好的鸡粪呈黄绿色，无臭味。加猪饲粮25千克、青饲料15千克，可喂15~20头猪两天。

3. 猪粪养鱼

收集猪粪堆积发酵 7~15 天，倒入鱼塘，培养出大量的浮游生物，它们是滤食性鱼类（黄白鲢）很好的饵料，从而可降低投饵量的 30%~50%，肥水养鱼面积可达 10~15 亩。

（二）注意事项

一是发酵料需采用发酵力较强的米糠麸皮、小麦粉等，并力求新鲜，发霉变质的不宜用于发酵；二是发酵剂可用酒曲、中曲或酒药，其用量应根据发酵情况，酌情掌握，也可不用发酵剂，其粪便堆积压紧自然 7~10 天，待发酵温度下降后即可利用；三是饲喂发酵粪便的第一周，应由少增多逐渐增加喂量，发酵粪便一时喂不完，应晒干用塑料袋装好保存；四是粪便发酵喂鸡、猪，均要进行定期驱虫，鸡每月用驱虫净驱虫一次，猪半年用敌百虫驱虫一次。

三、以养兔为主的生态循环养殖模式

某养兔科技户以种植业为基础，养殖业为主导，创造了良性生物链转化模式。

（一）基本方法

1. 初级循环利用法

以饲料养兔，兔粪养土鳖虫或加稻草粉养猪。兔、土鳖虫、猪的废弃物作肥料。该户在住房后面建了 45 平方米的兔舍，房右侧建 15 平方米的土鳖虫饲养池，兔笼为三层二联式排列，规格为 0.6 米 ×0.5 米 ×1.2 米，兔舍可置 160 个笼位，饲养肉用母兔 15 只、种公兔 3 只，常年繁殖，年存栏数保持在 400 只左右。每日每只按排粪量 100 克计，400 只兔日产粪 40 千克，每天取 24 千克兔粪作土鳖虫饲料，取 15 千克兔粪加兔未食尽的精粗词料养 3 头成猪、3 头仔猪，粪肥全部用于种植业。

2. 种促养循环利用法

此科技户开垦了 3 亩平坦荒山，栽培桃树和蜜橘，果树下套种甘薯、芒麻、好粒苋及萝卜、白菜等饲料作物。栽培 100 株蜜橘树苗，种植 1 亩芝麻，0.5 亩甘薯。甘薯收后，又种白菜、萝卜。至年底及翌春全部种上蜜橘和桃树，并套种饲料。3 亩地饲料可解决兔、猪一年 70% 的饲料，兔、猪粪及土鳖虫废弃物解决 3 亩地的果树及饲料肥。

四、生态猪场模式

辽宁省某种猪场根据猪粪、污水对环境污染，饲料利用低等问题，确定了以改善环境、提高经济效益与物质转化率和优化产出率为主要目标，把净化养殖过程中的有机污水与生产水生饲料、沼气能源的开发与提高初级生产等有机结合在一起，构建成了一个以养猪为主、农牧渔协调发展的综合养殖生态工程模式。

具体做法：将猪场高浓度的猪粪引入高耐肥水的水葫芦池内，净化为二级肥水；再引入细绿萍池内净化成三级肥水；然后将含大量浮游生物的三级肥水引入鱼、蚌、蟹池内，净化成四级肥水；用四级肥水灌溉稻田，经水稻和养鱼利用后基本变为清水，最后回到猪舍重复使用。通过四级五步利用，为生物提供了最合适的生态环境。这一良性循环，使猪舍非常洁净，水生植物生长茂盛，池塘内鱼大蟹肥，稻谷丰收，使物质和能量都得到充分利用，制造出更多的使用价值和效益，达到了良性循环与生态循环的统一。

（一）生态猪场的技术组成

1. 有机类水三段净化、四步利用技术

即猪圈冲洗的粪污水经排水沟依次排放到水葫芦池、细绿萍池、鱼鲜混养塘、水稻田，完成污水的三段净化、四步利用，由稻田排出的水生化需氧量值低于 2.5 毫克 / 升，化学需氧量值低于 60 毫克 / 升，溶解氧含量超过 2.6 毫克 / 升。

2. 稻—萍—鱼共生技术

稻田为绿萍和鱼提供了适宜的生存环境，绿萍的覆盖又抑制了杂草的生长，而且绿萍又是固氮生物，其残体腐解后为水稻提供了氮素等养分。

3. 沼气技术

动物粪便和农业废弃物入沼气发酵池处理，产生沼气能用于仔猪的保温和照明及生活用。沼渣用于农田。

（二）生态猪场功能分析

通过 20 多年的生态建设，种猪场已基本形成了一个绿树成荫、花草盖地、空气清新的花园式生态养猪场。在稻—萍—鱼系统中，水稻产量提高 12.9%，充足的水生饲料使猪饲料成本降低 30%，大量的有机肥用于作物生产，减少了化肥的使用量，环境质量得以提高，人均收入提高 75%，固定资产提高 80%，生产规模逐步扩大，产品质量和数量逐年提高。

五、以禽为龙头的种养能源配套模式

某县一户农民，三口人，承包责任田四亩，按生态学原理，以养为主，养种结合，农、牧、鱼、沼综合经营，形成生态、经济良性循环的立体生产体系。他的做法是：

（一）“海陆空”全面规划

首先他利用房前屋后空闲地在庭院里上下左右、水陆空统一安排，种、养、沼综合利用。建成140平方米的新型畜舍，内装栏圈，外悬笼巢，左设鱼池，右立果园，中有一个6立方米的沼气池，前靠厨房，后接猪圈。养肉鸽350对，鸭40只，鹅5只，肥猪4头，母猪2头，种植果木100多株。

（二）生产物质综合利用，良性循环效益高

该户按照生态经济规律组织生产，充分利用自然资源，挖掘出各生产物质中废弃物再循环利用的潜力，建成一个高效益的生态体系。将人畜禽粪和绿色作物的废弃物作原料，加入沼气池发酵，产生沼气，烧水、做饭、照明。沼渣为果、粮作物的有机肥。建成种、养、能源配套，生物能量与物质多层次利用的最佳模式。不但减少了化肥用量，避免了土壤板结和环境污染，而且培养了地力，提高了单位面积产量。早晚稻连作3.8亩，亩产早稻425千克和晚稻450千克，分别比模式前增加75千克和140千克。养殖业可上市鸡、鸭、鹅175千克，肉鸽250对，鱼100千克，猪肉425千克，仔猪4窝。全年总产值过万元，纯收入8343元，人均2781元，比上年增长91.2%。

六、利用沼肥养鱼

沼肥除作优质肥料外，还可以作饲料。实践证明，利用沼肥养鱼具有三大好处：一是营养丰富，沼肥实际上是一种菌体蛋白饲料，还含有丰富的氮、磷、钾和无机盐类，沼肥入池后，一般3~5天水色就转绿，接受的阳光和热量增加，含氧量和水温也随之提高，很适于鱼类的生长发育；二是酸碱度适宜，沼肥的pH为7.2~7.8，与丰产品种鱼塘的pH标准相同；三是有利于防治鱼病，沼肥经密封、高温发酵后，其中的寄生虫卵和杂菌已大量被杀死，使池鱼发病率大大减少。

具体应做到以下几点：

一要合理搭配鱼种。沼肥养鱼要获得高产，放养鱼类的品种必须对路。放养鱼类的搭配比例与沼肥使用方法有关。如用沼肥直接作肥源，一般宜放养鲢、鲤鱼一类的滤食性鱼类，再搭配一定数量的杂食性鱼类。其比例为：鲢鱼68%，鲤鱼、鲫鱼、罗非鱼各8%左右。若将沼肥与精饲料拌合制成颗粒性饲料，则可按一般常规池塘养鱼法进行，吃食性鱼类不少于40%~50%，再搭配其他鱼类。

二要施肥适量。沼肥的使用量，视水质、季节而定，应做到“少施勤施”。高温季节水色透明度以10厘米为好，其他季节透明度不低于20厘米，同时，要根据天气变化及时调整使用量，其标准以掌握在鱼类浮头时间在日出后不久下沉为宜，切忌过量施肥和投饵，以免造成大量残渣沉积池底。

池塘施沼肥应选在晴天上午8~9点进行，下午、阴雨天和鱼浮头时不能施肥，鱼生病时应少施。

三要结合施用无机肥。沼肥要和某些无机肥料同时或交替使用，这样，浮游生物的生长量可以提高20~30倍。无机肥的施用量一般为沼肥（干物质）的1/4左右。

七、鱼、猪、沼配套养殖模式

湖南某县采用“两池一栏”（即鱼池、沼气池、猪栏）猪鱼结合配套养殖模式，是一条增加产量、提高效益、改善生态环境、发展渔业的新路子。

“两池一栏”养殖技术，是以沼气为纽带，以猪产粪，以粪养沼，以沼养鱼，以沼煮饭，以沼照明，以猪促鱼；又以鱼促猪，猪沼鱼结合，实行物质和能量的良性循环，向多层次、多结构、多功能增殖的生态渔业发展。

“两池一栏”生态农业技术归纳起来，具有如下的效益。

1. 改良水体生态环境，有利于鱼类生长，从而提高鲜鱼产量

“两池一栏”技术用发酵后的沼肥喂鱼，水质稳定、清新，溶氧量增加，鱼塘中浮游生物量猛增，鱼类食欲增强，有利于鱼的生长。据试验，沼肥养鱼每亩增产74千克鲜鱼。同时，沼肥喂鱼可减轻鱼病，防止鱼类浮头泛塘。

2. 降低生产成本，节约能源开支

养猪和沼气利用是“两池一栏”生态技术的重要环节。猪粪是鱼的好饵料。据测算：每头肥猪一年排泄的粪便相当于125千克碳铵，75千克磷酸钙，40千克氯化钾。沼气应用可解决3~6口之家生活和照明用的能源，每户可节约煤炭1.6吨。

3. 促进了养猪业的发展

以前专业养鱼场单纯养鱼，产品单一，效益差，开展“两池一栏”养殖生态农业后，促进了养猪业的发展，增加了渔民的收入。

八、稻田养蟹模式

近年来，在我国南方地区稻田养蟹方面已开展很普遍。它与稻田养鱼一样，也是一种共生互利关系，有着很好的经济效益和生态效益。

其主要技术是：

1. 稻田设施选择

靠近水源的稻田，四周开挖深1~1.5米、宽2米的大沟，田中开挖十字形深40厘米、宽50厘米的蟹沟，形成“川”字形，水沟和蟹沟要求沟沟相

通，以便晒田或盛夏时水温过高为河蟹的栖息场所。稻田四周用铁皮或其他光滑坚固的材料筑起高约 50 厘米的栏坝，以防河蟹打洞外逃。田间设置注水口和排水口，并注意保持稻田的水质清洁。

2. 放养和管理

从 5 月、6 月开始投放蟹苗，每亩放养量一般在 1.5 万 ~3.5 万蟹苗，此时稻田已开始发棵，河蟹不仅不会伤及秧苗，而且还能清除田中杂草，河蟹放入后田中应保持 30 厘米左右的水深，夏天气温 30℃：以上时应及时换水。如田埂漏水，应及时堵塞，暴雨时防止田水漫过埂或冲跨栏机房。四周深沟可适当放养水藻等植物，以便幼蟹爬行栖息及脱皮“休养”，但放养面积不能超过水面的 1/3。河蟹放入后，每天要投放米糠、南瓜、鱼粉、混合饲料及青饲料，后期应多投放动物性饲料，使河蟹壮膘。要防止水蛇、老鼠、黄鼠狼进入蟹田，危害它们。

3. 种稻与施药

养蟹稻田里栽种的水稻要选用耐肥力强、茎秆坚硬、抗倒伏、抗病害的高产良种。河蟹对农药较敏感，稻田要尽量不投农药，必要时应先灌深水，使河蟹进入四周深水沟中，再喷洒高效低毒低残留农药，施药后要加强观察，发现河蟹有反应时要及时排水。

九、鱼、鸭、草结合模式

南方某省淡水水产研究所，1983 年进行鱼、禽、草综合养殖实验，他们通过养鸭肥水，肥水残饵鲜草喂鱼，鱼粪肥泥，肥泥种草，形成一个良好的人工生态系统，解决了高产渔区鱼饲料和肥料不足的困难。

种植牧草以美国黑麦草、苏丹草、墨西哥玉米和高粱为当家品种，黑麦草和苏丹草轮作，可使鱼草四季常青，全年饲料不断，年亩产达 2 万多千克，比原意大利黑麦草和期货牧草单产提高 1.6 倍，饲料系数下降 1/3。按等代效益计算，种植一亩牧草，即相当于生产颗粒饲料 2854 千克。

鱼塘边用竹桩和废渔网围起来，养鸭 1300 只，饲养 67 天后每只鸭重 1.75 千克，收入 5000 元。

由于鱼草丰富，水质肥沃，草鱼每月增重 2.86 倍，罗非鱼增重 3.75 倍，花白鲢增重 3.35 倍，均显著高于同样投草饲料并施肥的塘。利用肥水残饵、鲜草喂鱼，每亩鱼塘可增产罗非鱼 150 千克，鲤、鳊鱼 25 千克。

第六章 集约化畜牧业与资源循环利用

第一节 畜牧业的发展现状与成效

一、畜牧产业的发展与集约规模化

畜牧业的发展，一方面表现在数量和占有率的增长上，同时还可以从生产规模和集约化程度上得以充分的体现。2005 年全国各类畜禽规模化养殖小区达 4 万多个，年出栏 50 头以上生猪的规模化养殖比重达 34%，比 2000 年提高 11.1 个百分点；出栏 2000 只以上肉鸡的规模化养殖比重达 74.2%，提高 15.8 个百分点；饲养 5 头以上奶牛的规模化养殖比重达 55.2%，提高 5.1 个百分点。伴随着城市经济的发展，我国的大中型畜禽场近 80% 集中分布在东部沿海地区及大中型城市及其周边地区，畜牧业的集约化程度不断提高。当前主要是以饲养猪、鸡、奶牛等畜禽为主，有奶牛饲养场、大型机械化养猪和养鸡场等，为人民生活直接提供肉、蛋、乳等畜禽产品，由此显现了我国养殖业较高的规模化发展水平以及畜牧业现代化发展初具规模。

二、畜牧业在国民经济中的地位

畜牧业的发展促使其在国民经济中的地位不断提升，成为国民经济重要支柱之一。经过数十年的努力，我国畜牧业已经发展到一个新的高度，畜牧业在农业总产值中的比重由 1978 年的 14.98% 增长到 2005 年的 33.74%。据测算，当时农民人均来自畜牧业的收入超过 600 元，约占农民家庭经营现金收入的 30%。一些畜牧业发达地区，畜牧业现金收入已占到农民现金收入的 50% 左右，成为农民增收的重要渠道。有关资料指出，2005 年从事畜牧业生产的劳动力达 1 亿多人，与畜牧业生产密切相关的饲料工业、畜产品加工、兽药等产业的产值超过了 8000 亿元。从中可以看出，畜牧业在自身得到发展的同时，还推动了相关产业如种植业、饲料、加工等行业的发展，吸纳了大量的农村富余劳动力，发展了农村经济，增加了农民收入。

三、畜牧业发展带来的若干问题

畜牧业的发展，带来了可观的经济效益，改善了国民的生活质量，推动了农村经济的发展步伐。但事物的发展往往具有双面性，单纯追求畜牧业的片面发展而忽视了其可持续发展的重要性，产生了一定的负面影响。如果把向大自然索取和排放废物都控制在生态承载力的限度或阈值之内，那么人类活动就不至于造成对自然的破坏。但是，当前随着畜牧业规模化和集约化的程度不断提高，可持续发展的重要性被忽视，导致生态环境遭破坏、产品质量降低、人畜共患疾病爆发、资源短缺等一系列问题相继突显，特别是生态环境破坏问题尤为严重。

畜牧业实质是通过人工模拟动物自然生长过程，利用动物营养学等科学技术提高了生产率，该行为改变了自然界进化过程中已有的发展模式。然而，根据自然规律，动物营养过程不是孤立的，而是与周围环境息息相关。集约化大规模生产方式的应用，得到较多畜禽产品的同时却把粪便等畜牧业污染物不经处理就直接还给了自然界，这些污染物毒害性大，数量多，而且又很集中，使自然生态系统很难消纳，从而对环境造成了严重的破坏。因此，许多畜牧业发达国家将废弃物的利用作为一门“粪便科学”对其开展深入研究。当前，规模化畜牧业对生态环境的危害主要集中于禽畜粪便、污水、氮、磷等微量元素、微生物、药残、重金属等，对空气、土壤、水源等造成了巨大的伤害，在一定程度上延长了生态环境的恢复周期。

第二节 畜牧业的污染现状与危害

随着科学技术的进步与应用，农业现代化的进程也在不断地加快和拓展，其在缓解人口不断增长而带来的粮食供求矛盾的同时，也随之出现了一系列的环境问题。从农业产业的性质及其持续发展的历史来看，由于相关的技术和理论的不断更新，农业生产对生态环境造成破坏或危害必须且可能减少到最低程度。然而，长期以来农业生态系统营养循环体系的缺失与破坏，对农业生产和农村发展造成的不利影响是多方面的。因此，1997 年美国专家 TimothyWrite 就提出了“绿色革命正在消失，人类将面临另一场新的农业革命”的论点。事实上，人类的活动对环境的破坏是多方面的，而农业生产对环境的影响所占的比重则逐步增大，尤其集约化畜牧业废弃物引发的面源污染所造成的生态环境问题日趋严重。近 30 年来，农业面源污染及其治理正成为国内外环保界关注的新课题。特别是由于规模化养殖迅速发展和污染防控研究和措施的相对滞后，畜牧业废弃物污染的不断扩展且日益加重，人们对生态环境的关注比以往任何时候更加强烈。着力扭转集约化畜牧业废弃物污染面日益扩大的被动局面，加强废弃物资源循环利用的研发与推广，已引起了国内外学界及企业和政府决策部门的高度关注，同时也在逐步加大人、财、物的投入，予以切实解决。

一、畜牧业废弃物的污染现状与分析

数量大、区域广的面源污染防控是个世界性的难题，各国都面临着同样的困扰。从形成的机理分析，农业面源污染是指农村地区在农业生产和居民生活过程中产生、未经合理处理的污染物对水体、土壤和空气及农产品造成的污染。众所周知，规模化养殖的现代畜牧业为发展农村经济、丰富菜篮子和增产增收作出了巨大贡献，但也导致粪污规模化的排放，加上有机肥加工与利用脱节等因素的影响，使得畜禽粪便污染等成为迫切需要解决的环境问题。集约化养殖的废弃物进入环境必将成为面源污染的主要成因之一，也是城乡环境污染的主要来源，特别是田间地表径流中的过量养分、残留农药、病原体及其他污染物进入地表水，引起“水华”现象，破坏水体生态系统和水生物，危害饮用水安全，进而损害人畜健康，影响经济社会的可持续发展。早在20世纪60年代，美国等发达国家的学者已经发现面源污染的危害，一直加以关注和呼吁，并于20世纪70年代得到了一定的重视。我国于20世纪80年代初也开始调研农业面源污染的危害并加以防范。

据相关资料表明，30%~50%的地球表面已受面源污染的影响，在世界范围内不同程度退化的12亿公顷耕地中，约12%是由于农业面源污染引起的，尤其是畜牧业废弃物的滥排，加剧了扩展的速度。美国的农业面源污染波及了64%的河流、57%的湖泊，美国环境保护总署（EPA）把农业列为全美河流和湖泊污染的第一污染源。欧洲发达国家的地表水中，农业排磷占总磷污染负荷的24%~71%，硝态氮超标（> 50毫克/升）现象十分严重，农业生态系统的养分流失（主要为氮、磷）是主要来源。荷兰农业的氮、磷污染负荷分别占60%和50%。丹麦270条河流中94%的氮负荷、52%的磷负荷由面源污染所引起。瑞典由河流输入的氮，60%~87%来自农业面源污染。经过10多年的有效治理控制，美国的农业面源污染已大幅减少。据统计，2006年美国农业面源污染面积比1990年减少了一半以上。

改革开放以来，在相关政策引导和科技进步的支撑下，我国畜牧业得到了长足发展，产量逐年增加，成为农村经济新增长点和重要的支柱。但随着畜牧产业的快速发展，规模越来越大，集约化和产业化程度不断提高，禽畜废弃物量也逐年攀升，给生态环境带来了巨大的压力。根据《中国农村统计年鉴》提供的相关数据，1999 年我国猪出栏数为 51977 万头，牛 12698 万头，羊 29032 万只，到了 2006 年，猪出栏数为 65050 万头，牛 13944 万头，羊 36897 万只。以 1999 年为基数，生猪养殖量平均每年以 3.92% 的速率增长，牛养殖量平均每年以 1.34% 增长，羊养殖量平均每年以 3.49% 速度增长，禽类养殖量平均每年以 4.6% 的速度增长。养殖规模的逐年扩大导致畜禽废弃物的排放量也大幅增加。如何合理有效地消纳及资源化循环利用废弃物已成为城乡生态环境保护的重要事项。

在发展规模化养殖之时，必须配套污染防控措施，强化废物（粪便、污水）循环利用。现今关乎健康养殖的废物利用的循环体系仍无法完全链接。国内的大部分规模化畜牧场均建在城郊，离城市较近，比较靠近江河与湖塘，加上不少养殖企业多采取直接排放方式，水体的富营养化随之泛滥，甚至连地下水也不能幸免。由于近年畜牧场规模扩张比较快，数量多，粪污处理设施较为落后，忽视了对废弃物的有效处理，加上先进技术支持力度欠缺，养殖场成为目前农业面源污染、城乡污染的主要来源。

据对 130 多个湖泊的调查资料的统计分析，高营养化的湖泊已达 51 个，占湖泊总数的 40%。我国面源污染的分布情况与受污程度各不相同，呈现明显的地域差别，沿海经济发达地区污染较为严重，而西部地区则相对较轻。畜禽养殖污染也呈现相同的规律，污染较为严重的是山东、河南等畜禽养殖集中地区。经济发达省份和东部沿海地区的畜禽污染也比较严重，而西部地区污染状况则相对较轻。目前，北京、上海、山东、江苏、浙江、福建、广东、湖北的农业面源污染处于较高风险水平。

二、规模化畜牧业对生态环境的影响

（一）畜牧废弃物对土壤的污染

废弃物对土壤环境造成很重压力。土壤的基本机能是具有肥力，可以生长植物和分解物质，这两方面构成了自然循环的主要环节，因而土壤是地球上生命活动不可缺少的场所，是自然界物质循环的主要承载者，它的机能健全与否直接影响作物的生长和产品质量，并通过产品影响人畜健康。畜牧粪便是土壤的主要污染源。据研究，中国畜禽粪便的总体土地负荷警戒值已经达到 0.49（＜ 0.4 为宜），达到较严重的环境压力水平。按照实际生产水平，畜禽的粪便排放量每头牛为 55~65 千克 / 天，每头猪为 3.5~11 千克 / 天，每只鸡为 0.10~0.15 千克 / 天，每只羊为 2.66 千克 / 天，全国畜禽粪便的年产量高达 18.84 亿吨。据德国、比利时、美国和中国规模化养猪生产线粪便污水产生情况综合分析表明，每生产 1 头育肥猪（180 天，100 千克）约产生 4 吨粪便污水，约含 120~150 千克的总固体（TS）。在规模化畜禽生产中，畜禽粪便的排放量大且相对比较集中，如果不及时处理，必将造成污染。此外，随着种植业结构发生根本性的变化，现代化农业化肥被大量使用，在广大农村取代了以畜禽粪便为基础的有机肥，畜禽粪便失去了还田利用的主要出路，从资源转变成污染源。虽然畜禽废弃物中的家畜粪便易被分解，可提供有机物，使土壤维持其原有的机能，但超过了土壤的自净分解能力也会使土壤有机物质过多，影响作物生长，造成土壤污染。

病原菌微生物对土壤的污染。土壤本身含有许多微生物，这些微生物构成了土壤的有机生物环境，对土壤的理化性质起到保护作用。如果粪肥不经处理或处理不当，其所含的病原微生物，特别是大量病原微生物和寄生虫卵，可在土壤中长期存在或继续繁殖，保存或扩大了传染源，这不仅破坏了土壤微生物平衡，使种群结构失调，还导致大量蚊虫滋生造成疫病传播，影响人类和畜禽健康。据报道，猪场的粪污施入周围农田后，在耕作层土壤中检出了变形菌群落、病原硫化大肠杆菌 0.75 和 0.27，寄生虫卵达 20 个 / 千克土壤。常见的此类病原微生物主要有大肠杆菌、沙门氏菌、粪链球菌等，引起的介水性传染病主要有猪丹毒、猪瘟、副伤寒、炭疽病和钩端螺旋体病等。张淮（1988 年）在科技日报上提出，中国南方的养殖模式是容易产生新的流感病毒的场所。许多的疾病已成为人畜共患。世界卫生组织和联合国粮农组织的资料报道，由动物传染给人的人畜共患的传染病至少有 90 余种，其中可由猪传染的有 25 种，由禽类传染的有 24 种，由牛传染的有 26 种，由羊传染的有 25 种，由马传染的有 13 种，这些人畜共患疾病的载体主要是家畜粪便及排泄物，因此保证畜禽健康也是保证人类自身健康的一个重要环节。

大量的化学元素的富集污染。氮、磷、钾等元素是作物生长必不可少的营养元素。畜禽废弃物中含有丰富的氮、磷、钾、氯等元素，如果不加限制地还田，不仅起不到肥田的效应，反而会导致作物“疯长”，产品质量下降，产量减少。胡凤娇等研究发现畜禽对饲料中植酸消化率低，有 70% 以上的磷会排出体外，磷与土壤中的钙、铝等元素合成不溶性复合物，造成土壤板结，影响农作物的生长。同时，为了促进畜禽生长，提高饲料利用率，抑制有害菌，往往在饲料中添加大量的微量元素，如铜的含量高于 250 毫克 / 千克，其他还有镉、锌、铅等金属元素。据统计，全国每年使用微量元素添加剂约为 15~18 万吨，其中约有 10 万吨未能被动物利用而随粪便排出体外，而这些无机元素在畜体内的消化吸收利用极低，在排放的粪便中含量相当高。林春野报道，当土壤中可给态铜、锌分别达到 100~200 毫克 / 千克和 100 毫克 / 千克时即可造成植物中毒。因此长期使用此类添加剂会造成土壤污染，而且被作物吸收后，这些元素的浓度超过标准时就会影响人类的健康。如日本发生的“水俣病”，就是因为人食用汞超标产品。

此外，畜禽粪便还会造成农田土壤次生盐渍化。据王辉调查发现，江苏省目前干畜禽粪便中盐分含量较高，介于 1.8~24.2 克 / 千克之间，平均为 9.7 克 / 千克。如果在盐分含量环境背景值较高的地区，规模化养殖畜禽粪便还会导致农田土壤次生盐渍化。同时规模化畜牧业中还普遍使用大量的抗生素而导致药物残留，这方面的因素对生态环境也造成一定影响。

（二）畜牧业废弃物对水体的污染

当前，面源污染已成为当今世界普遍存在的一个严重的环境问题，并成为水体保护的主要障碍因子，而农业面源污染是造成水体环境隐患的最主要的面源污染形式。规模化养殖的畜禽粪便、畜产品加工业污水的任意排放极易造成水体的富营养化。福建省环保局的调查证明，2004 年闽江流域畜禽养殖废水排放量 30.17 万吨 / 天、化学需氧量排放量 760.57 万吨 / 天，氨氮排放量 76.57 万吨 / 天，其中猪场废水占 80%。杨国义报道，市郊畜禽粪便的流失率为 30%~40%。按流失率为 30% 计算，2001 年广东省畜禽粪便的流失污染负荷为：粪便量 4203.04 万吨，是工业固体废弃物（1990.30 万吨）的 2.1 倍，生化需氧量 131.14 万吨，化学需氧量 151.67 万吨，NH_3-N 15.53 万吨。由此可见，大量的有机物不经处理排入水流缓慢的水体，如水库、湖泊、稻田、内海等水域，将导致水中的水生生物如藻类等获得丰富的营养后大量繁殖，大量消耗水中氧，威胁鱼类生存；在稻田使禾苗徒长、倒伏，稻谷晚熟或不熟；在内海由于藻类大量繁殖，水变浅，影响捕捞业。另外，由于水生生物大量发育生长，溶解氧耗尽，导致植物根系腐烂，鱼虾死亡，在水底层厌氧分解，产生硫化氢、氨气、硫醇等恶臭物质，使水呈黑色，这种现象称为水体的“富营养化”。水体富营养化是家畜粪便污染水体的一个重要标志。江苏省太湖“蓝藻”的爆发就是一个很深刻的教训。此外，粪便未经无害化处理排入水中易造成传染病的介水流行，最常见的有猪丹毒、猪瘟、副伤寒、布氏杆菌、钩端螺旋体、炭疽等。

（三）畜牧业废弃物对空气的污染

在畜牧养殖生产过程中会产生大量的有害气体、粉尘和微生物等。以年出栏 5000 头的猪场为例，其每天通过粪便向空气排放的氨气达 67 千克以上，饲料粉尘近 20 千克。同时猪粪便中含有大量降解的或未降解的有机物，主要是碳水化合物，这些物质排出体外后会迅速腐败发酵，分解产生的恶臭物质，如氨气、硫化氢、甲硫醇、硫化甲基、苯乙烯、乙醛和粪臭素等。据测定，猪粪中含有75种之多的臭味化合物，在畜禽舍内采样测定，畜舍内氨气含量一般为6~35毫克/升，高者可达150~500毫克/升，鸡舍内硫化物浓度为0.4~3.4毫克/升。除此之外，猪场每小时还向大气排放约1.5亿个菌体。如此多的有害气体、粉尘及病原菌存在于空气中，严重影响空气质量，并通过空气气流弥散与尘埃结合悬浮在空气中，形成微生物气溶胶，在风的作用下到处传播，使得其危害范围扩大。处于其中的人们和动物，吸入空气，将会损害肝脏、肾脏，刺激呼吸道、眼黏膜，降低黏膜抗病力，改变神经内分泌功能，降低代谢机能和免疫功能，使生产力下降，发病率和死亡率升高。此外，氨气中的氮可被氧化为二氧化氮而溶于水变成硝酸，使周围环境pH值下降，从而影响土壤的机能。

第三节 废弃物资源化利用的政策

从农村经济发展和农民增收角度考虑，我国规模化养殖迅速发展理应是一件好事，关键在于要妥当处理废弃物。当前畜牧业的产值和增加值以每年8%左右的速度增长，畜禽粪便的排放总量也在急剧增加。因此，畜禽粪便污染问题如不及时解决，必将陷入畜牧业发展越快而其污染越严重的怪圈之中无法摆脱。

要着力解决规模化畜牧业污染的问题，就必须依靠科技，根据循环经济的发展原则，通过相关技术的集成和攻关，走清洁生产、健康养殖、循环利用、减少污染的生产道路，发展生态型畜牧产业。其内涵就是要根据家畜生态学和生态经济学原理，应用现代科学技术和系统工程的方法，全面而又系统地规范进行畜牧业生产活动，把畜牧业放在一个大农业生态循环圈中去考虑，使畜牧业生产向着高产、优质、高效、生态和安全综合协调的方向发展，以此达到畜牧业可持续发展的目的。为了促进规模化畜牧业的健康、可持续发展，必须进行科学规划，合理构建模式，力求从源头控制到生产过程综合利用及末端治理全过程防治污染，走出健康养殖、循环利用、合理承载、防控污染的可持续发展之路。

基于上述观点和原理，福建省结合区域特点与生产实践，以集约化生猪养殖场为研究对象，依据循环经济的“4R”原理，因地制宜构建模式，因势利导优化结构，依照规模化养猪场产生的粪污资源特性合理设置循环利用环节，使整个生产系统内实现多层次循环与废弃物再利用，以求降低能耗，达标排放，减少污染，提高效率，增加收益。其运作要点是：通过技术集成等实现废弃物的稳定再利用，通过在场区内部设置合理产业链实现废弃物安全再利用，进而构建集约化畜牧养殖循环农业发展新模式。

如何化解集约化畜禽养殖业废弃物的危害，怎样构建循环农业的可持续发展模式，无疑是值得人们关注与思考的。这不仅是农村环保事业的需要，而且是农业循环经济的要求，就发展对策而言，要切实注重以下八个主要环节：

一、科学规划，讲求合理布局。首先必须依据现行土地利用规划，做好用地论证和布局，提供用地保障，同时坚持鼓励利用废弃地和荒山荒坡等未利用地，尽可能不占或少占耕地和基本农田；其次根据现有的土地确定畜禽养殖的规模，控制养殖场与水源、居民的距离，确定化粪池容积等；再次，不仅要进行系统规划和合理布局，还要对建筑进行标准化和规范化设计，绿化场内环境，集中堆放和处理粪污，做到就地消纳养殖场产生的粪污，以减少污染源，防止污染物扩散。

二、健康养殖，开发绿色产品。由于受观念、技术、资金等限制，养殖投入不一，管理水平参差不齐，致使产品质量优劣同存，加之消费市场一时难以形成优质优价的运行机制，畜产品缺乏市场竞争力。但从畜牧业发展前景看，严格控制、优化生产过程中的各个环节，从产地和市场两个环节入手，实行从饲养到餐桌的全过程控制，按照饲料要净化、品种要优化、投入品要无害化的要求组织生产，使畜产品达到绿色优质是大势所趋。

三、适时防控，力求持续运作。当前解决规模化畜牧业发展与污染的矛盾问题，应调整工作重心，从单纯治理转移到治理与监督管理并重，建立相应的机制，采取经济、行政与法律措施，加大环保执法力度，对畜牧养殖场进行环境影响评价。此外，加强饲料供给、药物使用等方面的监控，在保质保量的基础上实现规模化畜牧业的可持续发展。

四、清洁生产，减少药残污染。实施清洁生产，涉及绿色种植、绿色饲料加工、养殖环境保护、疾病绿色防治及产品绿色加工、包装、运输等一系列的畜禽养、加、运、销整个过程，向社会提供清洁畜禽产品。在严格控制兽药、抗生素等有害物质的滥用及污染的基础上，要积极开发与推广应用低毒、低残留新型饲料添加剂，重视中草药等添加剂的研发与应用，以彻底替代化学饲料添加剂。

五、合理循环，提高利用效率。通过生态工程充分地利用物质资源，充分地利用生态系统中物质与能量多层次循环利用技术及生物种充分利用空间资源技术，提高生产效率，以沼气综合利用为纽带，发展农户养、种、加产业相结合的多种立体生态农业模式，如“鸡—猪—沼—菜”“粮—糟—猪—

沼一渔”等模式。要因地制宜，把畜禽养殖与种植业同步地按比例协调发展，建设良性生态农业，走生态农业之路，把畜禽粪便变害为利，变废为宝。

六、优化结构，发挥产业优势。根据市场需求变化，结合当地的生产实际，通过对畜牧产业的结构优化，及时科学地调整养殖生产的品种、加工和产业发展规模，与此相应地调整相关产业如种植业的生产结构，从而使自身产业以及关联产业均得到优化，发挥产业的优势，推进产业的良好运作，促进农业经济健康发展。

七、保护环境，坚持持续发展。解决畜禽粪便污染的根本出路是树立农业可持续发展的思想，发展生态型畜牧养殖，促进生态环境良性循环。总的原则是要建生态场，走循环路，兴绿色业。良好的环境不仅影响到畜禽的健康和生产性能的提高，而且影响到与周边居民的关系。因此要强化广大畜禽养殖场、养殖户环保意识，加强宣传和教育，既注重发展养殖业，壮大企业经济，又注重珍惜和保护人类赖以生存的环境，从而使畜牧业的发展有强劲的动力和持续力。

八、政策扶持，实行多元投入。各级政府必须引起高度重视，加强对畜禽粪便治理的组织领导，制定治理规划和目标，加强农业、畜牧、环保、财政、税收、金融等相关部门之间的沟通与配合，明确责任，落实政策，尽快形成支持畜禽养殖业污染防治与废弃物综合利用的配套性政策体系。建议按照“政府推动、企业主导、公众参与”的原则，制定配套措施和优惠政策，加大财政支持力度，同时引导市场力量介入，通过政策激励，用土地资产运作、个人资本参与、企业投资经营、业主承包开发、共同投资管理等方式引导社会资金参与，以此促进规模化畜牧业的发展。

第七章 现代畜牧业生态化循环利用发展研究

第一节 现代畜牧业资源循环利用的途径及特点——以泰州市为例

近年来，泰州市畜牧业正由传统的分散型养殖向规模化集约化的现代饲养方式转变。现代畜禽生产虽然提高了生产效率，但对周边环境产生了严重的影响，并引起社会的广泛关注。在此背景下，泰州市围绕畜牧业生产方式转变的新路径，按照“集中养殖、生态治理”的总体思路和“畜禽粪便资源化、生态污染减量化”的发展理念，努力构建节约型、生态型的现代畜牧业，有效解决了规模养殖的排泄物治理问题。

一、已初步形成多样化种养结合循环利用新途径

泰州市立足大农业、大生态的现代农业，大胆创新畜牧业发展方式，不断探索建立多样化的种养结合生态循环利用新途径。

（一）“猪—沼—果”循环利用新途径

在泰兴、姜堰等银杏重点乡镇，根据银杏种植规模配套扶持并适度发展畜禽养殖户，大力开展“沼气、沼液、沼渣和沼肥”的配套综合利用，建成符合当地发展要求的“猪沼果六个一”工程，即一个银杏园、一座生产用场房、一栏猪、一池沼气、一个大型沼液沼渣深沉池及配套设施、一套沼液灌溉管网。典型的如泰兴市黄桥镇某种猪有限公司，累计建成沼气池 800 立方米，粪便发酵池 1000 立方米，沼液氧化池 300 立方米，粪污循环利用管网 2000 米，年出栏生猪 8000 头，该场所产生猪粪经过沼气工程处理，沼液通过管网设施转运到果园（农田）使用，保障了 1000 多亩银杏园的肥源，惠及农户 80 户。

（二）“猪—沼—菜”循环利用新途径

主要在靖江、高港等蔬菜种植基地周边，根据蔬菜基地的种植规模和周边的市场需求量，做好可行性研究和考察论证，确定畜禽养殖场的选址、最优配置和养殖规模，确保养殖场周边的蔬菜基地有足够能力消化养殖场产生的畜禽粪便、粪污、沼液和沼渣。如靖江市某镇成立各类农民专业合作社15个，其中3个农民专业合作社得到省财政农业项目扶持，新增3个无公害农副产品，全镇新流转土地3500亩，其中两个村连片流转近3000亩，建产业园项目。目前已建成2000头规模养猪场3家，建沼气池1000立方米，粪便经发酵、沼气池无害化处理后，作为有机肥就地就近还田种菜1400亩，2015年出售生猪和蔬菜获利1200万元。某公司交通方便，生产加工外贸蔬菜出口，品种有青花菜、莱苔、甜豆、荷仁豆、刀豆等，年产量1000吨左右，产值600万元，产品出口远销日本、香港、欧洲等地。现建立无公害蔬菜基地1450亩，实行“公司+基地+农户”的新途径，采用保价收购以龙头带大户，以大户带全面，形成蔬菜生产、加工、销售“一条龙”服务，鼓励农户种植形成一批种植大户，建成生产加工中心，积极发挥自身优势，带动农民增收致富，为提高菜农收入发挥了作用。

（三）区域内重点配套、循环发展新途径

对资金流充裕、市场占有率较高、技术实力雄厚的大型养殖场，科学配置面积，通过科学化、节约化、无害化生物工程处理手段，将畜禽粪便科学有序地转化为有机生物蛋白、有机肥料、新能源（沼气发电）等，配套用于周边的种植业和养殖业，实现该区域内资源循环利用、降低环境污染、生态平衡发展。如姜堰市某羊业有限公司于2009年投产，总投资3400万元，占地480亩，集湖羊养殖、休闲、餐饮、娱乐于一体，其中养殖区占地100亩，有种羊舍、配种舍、繁殖舍、养殖舍共28幢，计18000平方米。有种公羊200只，种母羊5600只，其中后备母羊1056只，商品羊2080只，现已出栏总数达12300只，其中销售湖羊种羊6800多只，可实现销售2000多万元。公司坚持以市场为导向，以提高经济效益为中心，通过大范围重新整合农业产业资源和生产要素，有效形成完整的农业生产体系，抓住国家促进农业产业发展的历史机遇，更好地发挥公司资源优势，加快带动本地农户从事商品羊规模养殖和牧草种植，提高种养经济效益，实现羊产业化的同时，促进农民增收致富，提高农民的自我发展能力。

该公司配套建沼气池500立方米，羊粪沼气处理后采取沼渣、沼液干清分离，沼液通过管网施用到牧草地，沼渣运输到多功能的莲藕种植及鱼、鳅鱼、鳖养殖循环池，实行“羊—沼—草—羊”“羊—沼—鱼”“羊—沼—鳅鱼—

鳖”“羊—沼—藕”新途径，发展牧草100亩、莲藕60亩、养鱼（鳖）50亩，农牧结合，互惠共利，既解决了公司种植牧草、莲藕、蔬菜有机肥需求的难题，而且通过生物链有效突破了喂养鱼（鳖）的技术性矛盾，形成生态良性循环发展。

（四）“秸秆—饲料—养牛”循环利用新途径

高港区大泗镇霍堡村、佴庄术、佴陈村、前进村四个自然村土地面积近8000亩，为该镇生态种养基地，主要通过生态饲养霍堡牛，利用“农作物秸秆—青贮处理（氨化）—青贮料饲养肉牛—畜禽粪便沼气循环利用—沼渣沼液还田（农作物）”资源循环新途径，年可消耗作物秸秆和青饲料1000余吨，基本上能将周边农户的菜叶、秸秆消耗掉，通过肉牛饲养向市场提供霍堡牛肉产值近2000万元，同时将无害化处理后的牛粪和生活污水循环利用到周边粮田、蔬菜园及水果园，确保农业生产过程的良性循环和农业废弃物的多层次综合利用。

（五）通过生物发酵新途径实现畜禽粪污“零排放”

重点在居民聚集区域、饮用水源保护区域等对环保要求高、环境敏感的居民生活区域，大力推广生物发酵技术实现生活污水零排放，将传统粗放型畜禽粪污处理提前在养殖生产环节进行科学无害化处理，确保畜禽粪便零排放，实现有机物还田，既促进了产业发展，又保护了生态环境。

（六）种草养畜、过腹还田新途径

按照现代农业发展的要求，为了保持土地的可持续耕作，种植业秸秆必须部分还田，保证土壤有足够的有机肥料，同时还可以用于畜牧业的青饲料和填圈料，为此我们将该部分麦秸称为“过腹还田”。按照草、畜、圈、池的配套要求，大力发展种草养畜示范户，起到了良好的以草增畜、以草换肉、以草保水土的效应。目前泰州地区累计饲养禽、兔3746.5万只，实现养殖收入18亿元。

二、种养结合生态循环利用新途径的特点

经过几年的实践，泰州市以种养结合为核心的生态循环型畜牧业发展取得了明显成效，同时也给我们提供了一些有益启示。

（一）主要成效

1. 促进了生产方式转变

种养结合生态循环利用新途径的做法，较好地解决了农业循环经济发展的主体问题、资源循环利用问题、环境保护问题。

2. 大大降低了种养业生产成本

目前，泰州市种养结合农业循环经济已覆盖耕地面积 26 万公顷，占农用地面积的 83.95%，每年可为农民节约农业生产成本 5 亿元以上。

3. 促进了无公害农畜产品生产

泰州市生态种养殖面积现已达到农用地面积 83.95%，无公害农畜产品产量已占全部总产量的 90% 以上。

4. 改善了人居环境

对于已实行循环发展、种养结合的区域，现在看基本上没有对周围环境产生不良影响。通过人畜分离举措不仅改善了农民居住环境，而且为新农村建设提供了典范。

（二）显著特征与启示

1. 产业布局合理化

畜牧业的科学发展离不开农业行业的发展，也不会孤立简单地发展，而是必须依赖整个大农业的健康持续发展。鉴于畜牧业资源可循环利用的特点，要积极构建畜牧业生态循环模式，促进产业结构布局合理化。首先要与泰州农业种植布局相适应，在每一轮的土地使用规划中，科学合理规划设计种养方式、模式和规模，使畜禽粪污排放量满足周边农业种植消化量。其次要与泰州特色农田、特色果园等建设相匹配，从畜牧养殖场的选址开始，就要力求与当地农田、果园相衔接，结合农田果园浇灌渠系，把畜牧业产生的畜禽排泄物或沼液、沼渣等有机肥料引肥入田，既可以减少污染，又可以培肥地力，实现排泄物的生态还田与循环利用。最终达到产业布局与泰州新农村建设发展相衔接。所有新建畜禽养殖场的选址和规模一定要符合泰州市新农村建设发展规划要求，秉承“五大发展理念”，避开饮用水源保护区，避开人口聚集区，建设生态友好型社会主义新农村，同时做到保证农业产业结构的合理化。

2. 结合环节紧密化

由于泰州各区收入差距、人们生产生活习惯、工农业基础等都存在较大差异，不同的畜禽和农作物有其自身发展的特点和内生需求，对种养结合的要求、模式、适应性也不可能完全一样，因此实现结合环节紧密化，需要把握以下三个方面重点环节：一是将生猪作为重点畜禽区域来抓。生猪是泰州市畜牧业的重点支柱产业，既要满足人民群众日益增长的“菜篮子”生活需要，同时还要切实增加三农收入，以此作为当前推进种养结合的重点来抓。二是将经济水果、银杏、蔬菜等作为重点作物区域来抓。种养结合不仅解决了畜牧业环境污染，而且能确保各种粪污排泄物的循环利用。果园、杏园、农民自留地、蔬菜基地本身就需要施用大量有机肥，成为最大受益者，促进了增产增收，因此农作物要重点抓特色果园、蔬菜基地等。三是将现代化标准农田建设作为重点粮食区域来抓。根据国家长三角发展布局需要，泰州市大量优质土地资源被合理征用，建设标准化农田和水产养殖基地成为泰州农牧业生产用地规划的出发点和落脚点，需要把这些已经规划好的区域作为种养结合重点来抓。

3. 发展方式生态化

在实施种养结合生态循环利用新途径发展过程中，必须依据“相对集中、适度分散、科学规划、合理布局”的布局原则，坚持规模适度的建场原则；确保“粪污干湿分离、雨污分流排放”的减量化原则，“大力发展沼气工程、生物发酵技术”无害化处理原则，“积极推广种养结合、生态还田”资源化循环利用原则，作为发展种养结合生态循环利用新途径的行为准则，使上一环节的废弃物作为下一环节的资源，实现种植业和养殖业优势互补，生态畜牧业良性循环发展，稳步推动泰州市畜牧业和环境保护的和谐发展。

4. 养殖技术标准化

种养结合生态循环利用新途径的一个显著特点，是通过制定和实施标准提高畜牧养殖的质量安全水平。对种养结合的养殖场，必须坚持做到“六统一原则”，即统一规划设计、统一品种种养、统一畜禽舍标准、统一疫病防控、统一质量监控、统一粪污处理。要循序渐进地完善各种符合本场要求的饲养技术标准及管理规程，大力推行无公害畜禽的规范化、标准化养殖，使畜牧养殖达到品种优良化、粪便处理无害化、环境生态化、防疫达标化、管理科学化、经营市场化和产品绿色化。

第二节 现代畜牧业生态化循环发展路径研究——以山东为例

一个国家的膳食结构，决定了其农业产业结构。世界发达国家居民生活消费结构中的“肉、蛋、奶”比重明显高于我国，故其畜牧业都很发达，除日本外，畜牧业产值均占农业总产值的50%以上，美国占比60%，英国占比70%，北欧一些国家甚至高达80%~90%。改革开放以来，随着我国经济连续几十年的快速发展，居民生活水平明显提高，“肉、蛋、奶”消费在居民膳食结构中的占比持续增加，从而助推了畜牧业的快速增长。据统计，我国自20世纪80年代以来，畜牧业增长速度远超世界平均水平，畜牧业在国民经济中的作用愈显重要。山东省作为全国农业大省，2012年牧业产值占全国的比重为8.41%，比1982年增长66倍。由于畜牧业人均产值仍低于世界平均水平，故发展空间依然很大。同时，由于畜牧业发展走的是粗放式规模扩张道路，在养殖户快速规模化、集约化发展过程中，多实施单业经营，农畜脱节，畜禽粪便排放量大，无法再作为农肥循环使用，而是作为废弃物丢弃，烂湿畜禽粪污随处堆放，畜禽养殖场废水随意排放。由此导致的环境污染、生态破坏等问题越来越严重，近些年出现的疯牛病、禽流感、猪口蹄疫等畜禽疫情，导致畜禽产品质量下降，威胁着人类健康，制约了畜牧业的可持续发展。在畜禽粪污废弃浪费的同时，我国又过分依赖于化肥，是世界化肥施用量最大的国家，果树和蔬菜化肥用量超标，已超出安全水平。化肥过量使用造成土壤酸化污染、地力下降，引致日趋严重的生态环境负效应。要解决人类对畜牧产品不断增长的需求与畜牧业过快增长带来的环境压力之间的矛盾，实现畜牧业可持续发展，必须走农畜结合的生态化循环发展道路。

一、畜牧业生态化循环的内涵及背景

（一）畜牧业生态化循环的内涵

畜牧业生态化循环指以畜牧养殖为中心，其他相关产业合理配置，运用生态原理、食物链原理、物质循环再生原理，将畜牧养殖过程中传输饲草的食物链、传输粪便等的废弃物链、传输再生产品（如沼气、生物饲料）的再生产品链、传输产品（如肉食品）的产品链及传输现代服务（如科技、金融）的现代服务链链接形成一个物质、能量、信息在各产业间的循环流动闭环，形成种养加、产供销、农科教、农工贸一体的良性循环发展体系，各产业链互为依托、前后衔接、循环生产、变废为宝，实现农业经济和生态环境效益的双赢。

（二）生态化循环畜牧业的背景

生态化循环畜牧业是一个涉及政府、畜牧企业和养殖户等多个主体层次的系统工程。它最早于1924年在欧洲兴起，至上世纪90年代，世界各国均有了较大发展。1992年，联合国在巴西召开的世界各国首脑会议上，通过了《里约宣言》和《21世纪议程》，以文件的形式确定了走可持续的农业发展道路。此后，生态化循环农业成为世界各国的共同选择。日本爱东町的循环农业、美国的精准农业、英国的“永久农业”、菲律宾玛雅农场等都很好地体现了“再利用、减量化、资源化”的循环经济理念。我国政府对此也高度重视，早在2007年中央一号文件就提出发展有机肥，实施沃土工程。“十八大”以来，习近平总书记有关生态环保，绿色循环发展的重要讲话、批示多达60余次。

二、山东生态化循环畜牧业发展现存问题及面临的威胁

从目前山东省畜牧业发展状况看，由于只有部分地区注重养殖过程中的生态保护和资源循环利用，畜牧业生态化循环发展还存在很多问题，面临诸多威胁。

（一）思想观念落后，生态化循环养殖意识淡薄

山东省畜牧业长期处于传统的家庭副业地位，改革开放后才逐渐得到快速发展，开始由粗放型分散养殖向集约化规模养殖转变，走向现代化畜牧养殖发展道路。但在畜禽产品产量随规模化养殖同步提升的同时，畜牧业从业人员思想观念、养殖知识、技术水平和经营管理素养没有得到同步提高，仍停留在片面追求经济效益的传统养殖方式上，生态化循环养殖意识淡薄，对环境保护、生态安全、畜产品质量等认识不足，治污设施、环保设施多未配套建设，政府监管又不到位，一些养殖场尤其是老的规模化养殖场和养殖基地，远达不到养殖生态化标准要求，对畜禽生长、抗病极为不利，严重影响了产业发展。

（二）环境污染治理难度大，难以实现生态化循环

传统的家庭散户养殖，畜禽粪便等废弃物可通过农田施肥变废为宝，实现生态循环。现在养殖场实行规模化、集约养殖，养种分离，养殖户又多处于自发性、集群经营状态，以养猪村、养牛镇等形态出现，养殖户地域性产业趋同和集聚化程度高，废弃物较为集中，缺乏与之配套的利用畜禽粪污制作有机肥的企业，大量的畜禽粪便没有足够的自营或兼营土地加以吸纳运用。同时，农村青壮年劳动力又多外出打工，在家务农的多是留守妇女及老年人，体力及精力有限，并习惯于使用便捷的化肥，不愿费力用畜禽粪便等土法制作有机肥，养殖场周边乡镇及县域从事种植业的农民不再视畜禽粪污为宝，致使畜禽粪便这一传统宝贵资源被随意堆放、丢弃，养殖场大量有机废水随意排放，遇雨水冲淋流进河流、湖泊或渗入地下，粪便、药物残留、病原微生物等严重污染周边乃至区域水体、土壤和空气，滋生恶臭、蚊蝇等公害，且易造成畜禽传染病流行。

（三）饲养用药过度，质量安全难以有效保障

畜禽养殖、饲料生产离不开兽药、添加剂，但过度及不规范地使用添加剂、抗生素、激素、违禁药品等极易造成药物残留超标，带来畜禽产品质量安全隐患，威胁人类健康。由于从畜牧养殖到畜产品加工、流通环节的全程质量监管有待进一步加强，部分养殖户素质不高，对药物添加剂的性能、使用频次、使用时间和使用数量等规范缺乏了解，对畜禽产品药物残留的危害

认识不足，为预防畜禽疫病，过量使用兽药和添加剂，甚至违法使用“瘦肉精”等违禁药物，临近出栏阶段依然违规过度使用，没有休药期，致使药物残留严重超标，给人的健康安全带来重大威胁和隐患。

（四）先进养殖技术没有得到广泛应用，经济效益较低

山东畜牧业养殖与全国一样，正处于转型期，多种养殖方式并存，一些养殖户是从过去传统的家庭散养户发展过渡而来，养殖经验基本来源于父母或同行的“口传心授”，没有经过系统的专业学习及训练，既缺乏专业技术，又没有得到专家指导，纯粹依靠个人想法及经济条件建设饲舍，技术水平低、卫生条件差、通风不良、废弃物就地排泄，且临近饲舍堆放，饲舍缺乏御寒及防暑设施，对于畜禽生长、抗病极为不利。在畜禽繁殖生产经营上，又沿袭传统的家庭式自繁自育模式；生产资料自我加工，购买部分浓缩饲料后配合玉米等谷物进行饲养，各种营养成分配比不科学，料肉转化比不高，饲料浪费问题突出；畜禽防疫自己靠多年养殖所积累经验解决，保险意识不足，抗疫病能力差。这种经营模式虽然表面上看似在一家养殖户内部实现了从繁殖到出栏的循环经营，大幅度降低了育仔、饲料和防疫服务等饲养环节的生产成本，但由于品种退化，生长速度慢，饲料转换效率低，疫病防治不科学，畜禽疫病死亡率高，遭遇大的疫情难以转嫁风险等，使得养殖综合经济效益较低。

（五）对国内外绿色生态政策缺乏理解，自我发展能力不足

由于多数养殖户文化水平偏低，长期忙于畜牧生产经营无暇他顾，信息不对称，部分畜牧业主既不了解国家对绿色生态循环农业的相关扶持政策和专项资金支持政策，也不了解国际上的贸易保护政策。事实上，我国每年都会安排科技型中小企业发展专项资金、自主创新成果转化重大专项资金，养殖业主完全可以申请这类资金用于创新和技术转化，以创新促发展。但是大多数业主缺乏对相关政策的了解，无法从国家扶持政策中受益。国外发达国家则设置了较高的“绿色贸易壁垒”以及关爱动物福利的“福利壁垒”。“绿色贸易壁垒”以保护资源、环境和人民健康为名，通过蓄意制定一系列苛求的环保标准，对来自国外的产品或服务加以限制。如畅销欧洲的浙江舟山虾仁因在部分虾仁中查到10亿分之0.2克的氯霉素就遭遇大量退货。动物福利是指饲养动物的环境，要使动物精神和生理处于完全健康状态。“福利壁垒”通过将动物福利与国际贸易挂钩，以维护动物福利为由，限制甚至拒绝外国产品进入，从而保护本国产品市场。

三、山东推进生态化循环畜牧业的发展路径

山东是我国农区畜牧业大省，肉、蛋、奶产量在全国名列前茅。畜牧业

是山东省农村经济中最具活力和潜力的支柱产业，前瞻性地推进畜牧业与农业的“种养”生态循环，将畜牧业废弃粪污转化为高效农业有机肥，这既能解决畜牧业污染，又能减少化肥用量，带动健康、绿色、有机农产品生产，提高农畜综合效益，对农村经济发展和农民致富意义重大。

（一）构建种畜结合的新型农业生态化循环经营体系

种畜结合的生态化循环种养体系是通过“种—养—肥—种”生态化循环机制实现的。要实现这一种畜结合循环生产，必须借助能够将种植业与畜牧业结合起来的桥梁，即农民专业合作社。通过发挥农民专业合作社的桥梁和纽带作用，将众多分散种植业生产者、种植业生产资料供应商、畜牧养殖场、畜禽产品加工企业、农药制造及有机肥生产商和金融机构紧密连接起来，构建形成“畜牧养殖场 + 合作社 + 生产加工企业 + 服务企业 + 种植户”产畜结合生态化循环体系，让产业链上各生产经营和供应主体在饲养、组织、服务、废弃物转化和种植各个环节分别承担相应角色，实现种畜对接和生态循环，达到种植业生产“有机化”、畜牧业粪污资源化、畜牧产品无害化，让农产品和畜牧产品同时实现上水平、上档次。在此基础上发展壮大后，将金融业和流通业引入循环体系，通过一二三产业融合互动，延伸产业链条，提高种畜生产的组织化程度和柔性，以优质高价实现畜牧业和种植业增产增收，从而调动种畜业发展生态循环经济的积极性和主动性，促进种植业和畜牧业高效协调发展。

（二）因地制宜地推进畜牧业产业结构转型升级

山东地处黄河下游，气候适宜，交通便利，农业发达，饲草充足，鲁西黑牛、鲁北黄牛、莱芜黑猪、小尾寒羊、青山羊、白山羊、文登奶山羊、崂山奶山羊、寿光鸡、汶上芦花鸡、莱芜黑鸡等畜禽优质品种资源丰富。要结合山东著名地域品牌畜禽资源优势，通过国际著名品种的引进、杂交和优化筛选，培育出料肉比转化高、耐粗饲、生长快和商品性好的优良畜禽品种，以“改进品种、提升质量、创建品牌”为抓手，调整优化产品结构，从而有效利用丰富的农作物秸秆和饲草资源，从以养猪、养禽等为主的耗粮型畜牧业向禽、猪、羊、牛并重的节粮型畜牧业转变，变农作物秸秆为饲料。同时，依托大型畜禽养殖生产加工企业和综合性农民合作社，在畜禽养殖规模化集聚区合理布点建设有机肥生产企业，发展多种形式的适度规模循环经济，变废为宝，将畜禽粪污转化为高效生物有机肥，推动农业生产和畜牧业生产向环境友好型生态化种畜结合方式转变，促进“一村一品”“一县一业”的地域特色化生态畜牧业发展，以地域优势畜牧产业扩大品牌影响力和美誉度，让畜牧业成为地方农村经济中最具活力和潜力的支柱产业。

（三）规模养殖企业向高标准生态化循环种养基地迈进

对规模化程度较高的养殖企业，要采用农场与养殖场结合的自循环型农场化养殖基地模式，通过土地流转，将养殖场周边区域范围内农民的分散土地集中起来，形成与养殖场相衔接的配套生态农场。农场与生态化养殖场集成在一起，冲刷饲舍的污水排入田间发酵池，经曝氧发酵成液态肥料后，按一定比例配合农田灌溉施用。发酵池无法容纳的部分，可直接排放农田，形成土地压碱增肥效果，改良土壤。需要注意的是，新建规模化养殖场，在建设与运行中一定严格按照《畜禽养殖业污染治理工程技术规范》控制源头污染，做到污染防治设施与主体工程“三同时”，即同时设计、同时施工、同时使用。为保障养殖场卫生，防治畜禽疫病发生，要做到每天定期收集饲舍粪便，并放在远离畜禽舍饲的地方，将废弃秸秆粉碎后与畜禽粪便按一定比例混合堆积发酵，腐熟后作为优质有机肥施用或出售，实现养殖业粪便废弃物的资源化利用，提高地力和农产品品质，形成种畜结合的生态循环体系，彻底解决种养分离造成的粪便还田利用难问题。

（四）以科技与政策创新驱动种畜结合生态化循环发展

科技创新是种畜结合的生态化循环经济发展的重要推动力量，在当前畜牧业粪污和农作物秸秆双重性资源浪费的环境下，要深入探索利用农作物秸秆和动物粪便生产生物有机肥的新途径。通过政策支持和财政补贴引导企业资金向生物有机肥生产经营领域集聚，建成一批规模大、现代化程度高、经济效益好的有机肥示范性企业，进而带动全省生物有机肥产业的发展。在此基础上，建立完善的农业科技推广服务体系，及时向农民提供实用的高效生物有机肥、种养新技术和生态化高附加值的新型农产品信息。加强农民、农业院校、农业科研机构和农业推广部门的有机结合，促进最新实用科技成果向生产力的转化。农民合作社要切实发挥桥梁作用，搭建起畜禽与饲料作物育种、饲料研发、兽药开发、设施设备革新、环保技术、畜禽疫病防控、畜禽产品深加工、生物有机肥菌种优选、混合型高效生物有机肥生产、高效生态农作物生产等的联系桥梁，引导龙头企业向种畜深度结合领域投资，以科技创新带动技术进步，用科技创新成果驱动种畜结合生态化循环发展。

（五）质量追溯和动物福利要与国际标准接轨

山东作为我国的畜牧业大省，要实现向强省的转变，需要提升理念，拓宽视野，在畜禽生产方式和动物福利观念方面与国际标准接轨，以更高的质量要求和更为积极的心态看待国际标准，要在保证畜禽正常生产的同时充分重视畜禽的福利状况，改善饲养方式和动物卫生保健，使动物处于舒适健康状态；提高动物的免疫力和抗病力，逐步消除兽药过度使用，实现与国际上普遍认可的“五项基本福利”，即生理福利、环境福利、卫生福利、行为福利、心理福利接轨。同时，畜禽养殖、饲料生产、畜产品加工企业要积极通过HACCP、ISO等质量管理体系认证，积极开展饲料作物种植生产过程的GAP认证，提高畜产品质量，提高无公害、绿色和有机畜产品认证率，在保障畜牧产业可持续发展的同时，确保环境友好，食用畜产品放心安全，以高质量上档次的优质“绿色”畜禽产品打破国际贸易壁垒。政府职能部门要积极为出口企业提供信息和咨询等相关服务，建立畜产品出口“绿色通道”，让“绿色”、安全的畜禽产品有更多的机会走向世界，打造更多的“绿色”畜禽产品国际知名品牌。

为既能实现畜牧业可持续发展，又不破坏“生态、宜居”的生存环境，要坚持用种畜结合生态循环的发展理念指导畜牧业生产，逐步提高畜牧业“科技化、组织化、生态化”水平，确保我们每天呼吸的空气清新洁净，确保群众食用的畜产品放心安全，确保养殖户增产增收。

第三节 四川现代畜牧业试点对畜牧业循环经济发展的启示

循环经济在畜牧业中的应用不仅是治理污染，关键是“变废为宝”，实现资源的再利用。畜牧业循环经济是一个动物生态系统、植物生态系统、自然生态系统和社会经济等组成的复合系统。其核心是通过对以养殖业和生产全过程的控制，最终实现资源的高效和循环利用，使畜牧业的生产过程污染最小化、效益最佳化。当前，全国各地把发展畜牧业循环经济作为转变畜牧业生产方式的重要措施，作为提高畜产品竞争力和维护生态安全的主要手段。四川是全国畜牧业大省。近年，四川省把畜牧业现代化作为推进传统农业向现代农业跨越的突破口，在部分市县推动现代畜牧业发展试点，收到了明显成效，尤其对全省畜牧业循环经济发展启示很大，需要借机发力，进一步推动四川由畜牧业大省向畜牧业强省跨越。

一、四川现代畜牧业发展试点成效

2007年，省政府在遂宁、资阳、眉山三市启动现代畜牧业试点，积极探索现代畜牧业发展路子，特别是省发改委与资阳市共同构建的“委—市合作”发展现代畜牧业循环经济新模式，对推动全省畜牧业发展方式的转变具有启示作用和借鉴意义。2009—2011年，省政府决定继续深化试点，大力推动提质扩面，促进现代畜牧业由局部试点转向重点推进，并成为全省加快现代农业发展的突破口。2012 年起，省政府决定继续在遂宁、资阳、眉山三市开展为期三年的现代畜牧业深化试点，并将内江纳入试点范围，新确定了 36 个现代畜牧业建设重点县和 4 个深化提升县，推动了现代畜牧业由局部试点向面上扩展，构建试点、总结、推广协同推进，点线面结合的梯次发展格局，加速了全省畜牧业现代化进程。

通过几年的试点，全省现代畜牧业发展成效明显，各试点市县畜牧业呈现出生产总量大幅增长、生产方式明显转变、产业化水平显著提高、应对市场波动能力不断增强等特点。一是畜牧生产持续增产增收。2012 年全省肉、蛋、奶产量分别为 670.23 万吨、146.40 万吨、71.69 万吨，比试点前（2006 年）增长 7.89%、3.73%、14.67%，畜牧业产值达 2269.86 亿元，比 2006 年增长 72.30%。据有关统计，2011 年全省农民人均牧业纯收入、牧业现金收入达到 667 元、1624 元，分别占农民家庭经营收入的 24%、44%。畜牧业成为农村经济的支柱产业和农民增收的重要来源。二是生产方式快速转型升级。2012 年，全省已建成 40 个现代畜牧业重点县，畜禽标准化适度规模养殖小区数增加到 18028 个，部、省畜禽养殖标准化示范小区（场）增加到 323 个，获证无公害畜产品和产地分别达到 615 个和 642 个，各类优质种畜禽场达到 1074 个。以标准化为基础、适度规模为主导、种养结合的畜牧循环经济已成为全省畜牧生产的主要形式。三是产业化经营水平大幅提升。2012 年，年销售收入过亿元的畜牧龙头企业达到 132 家，全国知名的畜产品加工龙头企业均在川布局发展，形成了主要畜禽养殖都有大型龙头企业带动、都有专业合作社组织、都有生产性服务体系配套的现代产业格局。

二、对四川发展畜牧业循环经济的启示

（一）坚持标准化养殖，是提升畜牧业循环经济发展质量的重要基础

试点城市的实践证明，要实现畜牧业循环经济的可持续发展，必须建立完善的畜牧业循环经济发展的标准体系。坚持用技术标准规范农户养殖行为，推行生产管理标准化，科学布局标准化养殖基地，合理安排区域载畜量，构建种养平衡、农牧互动、生态循环、环境友好的产业发展体系，实现生态效益、社会效益和经济效益有机统一。

（二）坚持生态化运作，是推动畜牧业循环经济健康发展的根本途径

试点市县坚持发展现代畜牧业与建设文明新村相结合，产业发展与节能减排相结合，生态养殖与绿色种植相结合的原则，走出了一条“农户标准化养殖为基础、适度规模为主导、种养结合”的生态循环畜牧业发展路子。四

川地理气候条件得天独厚，生物资源种类繁多，生态优势明显，是发展畜牧业循环经济的典型区域。要坚持好“种养循环”“绿色种植”生态化发展模式，积极推进生产方式转变和养殖环境改善，实现畜牧业全产业链的“零排放”，努力提高全省畜牧业发展水平，使之成为新的经济增长点。

（三）坚持资源化利用，是实现畜牧业循环经济可持续发展的可靠保证

试点经验告诉我们，注重畜牧业各发展环节的资源利用，实现内外部良性循环，既可节约资源，又可实现低污染排放。要结合四川新村建设和农村生态家园富民工程建设，加快畜牧业上游资源整合，搞好技术在中游生产中的充分运用，做好下游废物的循环利用，积极推广畜—沼—果（粮、茶、菜等）循环经济发展模式，推广“生态养殖业—沼气—有机肥料—高效种植业”内循环模式，推进部分重点试点市县种养殖循环（清洁）生产（发展）项目，实现资源的再利用和效益的再提升。

（四）坚持制度化引领，是加快推进畜牧业循环经济科学发展的重要前提

市县试点经验证明，及时拟制结合实际的规划计划，建立组织协调机制，完善系列扶持政策等，将会为现代畜牧业稳步发展奠定重要基础。要依据全省不同区域的资源环境条件、产业基础和循环经济发展潜力，统筹规划，合理布局，加快形成重点突出、特色鲜明的循环经济区域发展格局。同时，畜牧业循环经济发展涉及资源、人才、技术、财政等多部门、多领域，必须建立统一协调的领导组织，制定明确区域、分类指导、模式可行的实施方案，并配以一系列扶持政策，特别是加大地方财政、人才技术、金融保险、疫病防控等机制建设，为推进现代畜牧业循环经济发展提供强有力的保障。

三、四川发展畜牧业循环经济的主要对策

（一）积极推广差异化生态发展模式

要结合平原丘区、盆周山区、高原牧区等不同地域的区位优势、资源优势和产业特点及市场需求，因地制宜地探索实施适合本地畜牧业循环经济的发展模式，避免现代畜牧业发展中的同质化现象。大力实施“上山进沟、种养结合、适度规模、循环发展”战略，充分利用荒山荒坡资源，合理布局标准化规模养殖基地。通过沼液和有机肥还田，降低种植业生产成本，促进绿色种植业发展。把发展草食牲畜作为全省调整优化畜牧产业结构的重点，加快推进“以草换肉”“以秸秆换肉奶”工程。变被动粪污处理成本性投入为主动利用粪污生产性投入，鼓励在畜产品优势产区配套发展沼气发电、有机肥加工等新兴产业。

（二）深入推进畜牧业产业化发展

畜牧业产业化是畜牧业发展的根本方向，也是发展畜牧业循环经济的重要途径。畜牧业处于人类食物链的中间，是最宜发展循环经济并带动产业链的形成的产业。要重点引导、培育、发展一批规模效益好、市场覆盖面广、带动能力强的发展畜牧业循环经济的龙头企业群，强化产品深加工，延长畜牧产业链，并注重产业间的联动和带动，切实解决好农户发展生产中产销脱节等问题，从而提高畜牧产业化水平，促进畜牧业循环经济的稳步发展。

（三）加快完善畜牧业循环经济发展的保障体系

坚持政府引导和市场机制相结合，在抓好国家强农惠农富农政策落实的基础上，进一步完善政策保障、法律保障、组织保障、环境管理保障和绿色技术支撑等体系，配套出台有关土地、保险、信贷、补偿等扶持激励政策，完善产业链中养殖户利益分享与风险分摊机制，把发展畜牧业循环经济与扶贫开发、农业综合开发、生态建设等项目统筹起来，形成推进畜牧业循环经济发展的强大合力。要充分利用科研院所、大专院校和企业技术优势，大力实施关键技术攻关，积极推广资源节约、延长产业链等先进适用的新技术、新工艺，加大循环技术成果转化，从而促进畜牧业增产农民增收。

（四）加强发展畜牧业循环经济的舆论宣传

“十二五”时期是四川深入实施西部大开发战略、全面建设小康社会的关键时期，也是转变经济发展方式、加快建设现代畜牧业经济强省的攻坚时期和战略机遇期。发展现代畜牧业循环经济是四川实现多点多极支撑战略的重要经济增长点，同时对节约资源、保护环境、实现畜牧业可持续发展等方面具有重要现实意义。要通过报刊、广播、电视等各种媒体大力宣传畜牧业循环经济的知识，迅速增强民众的绿色消费和生态环保意识，激发民众发展循环畜牧业的巨大热情，为全省畜牧业循环经济发展营造良好的外部环境。

第四节 海北州发展循环生态畜牧业的几点思考

一、海北已具备发展循环生态畜牧业的良好基础

多年来，省委、省政府及州委、州政府高度重视海北现代生态畜牧业发展，强化政策扶持引导，全州上下不断创新发展思路、创新体制机制，尤其通过开展农牧业集约化经营，发展生态畜牧业，强力推进高原现代生态畜牧业示范区建设，在发展现代生态畜牧业方面积极探索实践，在转变生产经营方式、基础配套设施建设、草原生态保护建设、综合服务体系建设、产业化

经营等方面不断取得新的突破，畜牧业整体发展水平不断得到提升，促进了传统畜牧业向现代畜牧业的转型发展，逐步走出了具有青海特点海北特色的畜牧业发展路子，为探索发展循环生态畜牧业奠定了坚实的基础。

（一）得天独厚的畜牧业资源为发展循环生态畜牧业提供了优势条件

畜牧业是海北的基础产业和优势产业，全州拥有天然草场 264.8 万平方千米，占土地总面积的 77.7%。2015 年，全州存栏各类牲畜 341.40 万头（只），其中牛 45.93 万头，羊 269.53 万只。拥有高原牦牛、藏羊、毛肉兼用半细毛羊、细毛羊为主的优势牲畜品种，独特的毛肉品质，具备良好的市场竞争优势和产业发展前景。

（二）日臻完善的基础配套设施为发展循环生态畜牧业奠定了物质基础

近年来，通过多元化的项目资金投入，加快了畜牧业以“三通四有五配套”为主要内容的基础设施建设，畜牧业发展条件不断改善，全州 100% 的牧户实现定居，80% 的牧户实现了“五配套”，牧区饮水半径控制在 1.2 千米以内，96.6% 的乡镇通柏油路，45% 的行政村通硬化路，全面消除了无电村，冬春草场全面实行围栏，高标准羊用暖棚覆盖率达到 70%，并加快了机械剪毛机、注射栏等配套设施建设，畜牧业装备水平大幅提高。

（三）较为先进的生产经营方式为发展循环生态畜牧业探索了成功路子

坚持在创新求变中加快转变生产经营方式。近年来，各地努力打破传统生产经营体制机制，加大草场流转和牲畜整合重组力度，加快发展规模经济，推进了畜牧业集约化经营，探索实践了以股份制经营为主，租赁经营、委托经营和联合经营等多种并存的畜牧业生产经营模式，培育形成了“龙头企业、专业合作社 + 牧户”“支部 + 专业合作组织 + 牧户”的组织形式和畜产品集中竞拍、订单销售、流动贩运等新型物流模式，集约化经营、专业化生产、市场化营销等新的生产经营方式得到推广，逐步走出了生态经济互促共赢的现代畜牧业发展路子。

（四）特色鲜明的优势产业体系为发展循环生态畜牧业奠定了产业基础

结合设施畜牧业建设发展，发挥高原牦牛、细毛、半细毛羊和白藏羊等优良牲畜优势，在全州建成了一大批规模化舍饲半舍饲养殖基地，形成了羔羊专业化生产、牛羊舍饲养殖、细毛半细毛羊和藏系羊繁育、饲草料生产加工、农畜产品产加销为一体的畜牧业产业体系，培育发展了一批有实力的龙头企业和生态畜牧业专业合作组织，为发展循环生态畜牧业奠定了比较坚实的产业基础。

（五）逐步健全的生态保护机制为发展循环生态畜牧业提供了机制保障

“十一五”以来，各地坚持以转变生产经营方式为突破口，以保护草原生态为前提，以示范带动为途径，大力加强以畜草平衡为主要内容的生态畜牧业建设，全面实施草场围栏封育、休牧补播、划区轮牧及草原综合治理等保护建设工程，尤其从2011年开始，认真落实国家草原生态保护补助奖励政策，严格实施禁牧和草畜平衡制度，核减天然草场超载牲畜转为舍饲养殖，大力发展人工草业，有效缓解草场压力，促进了草场的休养生息和畜牧业的可持续发展。

（六）先进实用的科技服务体系为发展循环生态畜牧业提供了科技支撑

以建设高原现代生态畜牧业科技示范园为重点，突出加快畜牧业科技体制机制创新以及科技队伍和服务网络建设，不断加快畜牧业科技成果转化推广，加大科技投入力度，大力实施以牦牛提纯复壮、藏系羊本品种选育、绵羊胚胎移植等先进实用技术工程，推广运用科学配方饲养、秸秆氨化、青草微贮等实用科技。特别从2016年开始，在全州10个现代生态畜牧业示范村启动实施了藏羊“两年三胎”繁殖技术和牦牛犊牛早期断奶养殖技术，着力提高藏羊繁殖率，畜牧业科技含量得到稳步提升。

（七）高原现代生态畜牧业示范区建设为发展循环生态畜牧业探索了有效捷径

从2010年开始，州委、州政府科学谋划，各地各部门大胆探索，积极实践，按照示范带动、稳步推进的思路，在全州基础条件相对较好的77个村相继先行开展高原现代生态畜牧业示范区示范点建设活动，加大对示范点项目资金投入，在提高生产经营水平、发展特色优势产业、保护草原生态环境、持续增加群众收入等方面取得了明显成效。刚察县结合示范区建设，开展了生态畜牧业循环经济区建设，发展循环生态畜牧业方面先行先试，探索了路子，积累了经验，提供了可借鉴的模式样板。

二、存在的突出矛盾和制约因素

面对建设循环生态畜牧业这一新的形势任务，客观分析海北州畜牧业发展现状，还存在一些突出矛盾和问题，制约着畜牧业的向前发展，主要表现在以下几个方面。

（一）牧民发展循环生态畜牧业的意识不强

长期以来，受思想观念制约的影响，一方面，畜牧业经济增长和牧民增收主要依赖牲畜数量的增长，导致大部分草场牧草产量不断下降，草场承载牲畜能力减弱，因此，促进牲畜的“减量化”和草地资源的“低消耗”，草原生态系统与畜牧业经济得到耦合循环发展任务艰巨。另一方面，生态畜牧业专业合作组织经营管理人员仅限于家族、亲戚等小范围，分配形式处于低级层次，自身发展规模小，对草场、牲畜跨区域集约经营的极少，带动能力有限。

（二）畜牧业发展水平不够平衡

局部地区尚处于传统畜牧业向现代高效畜牧业发展的转型过渡时期，生产经营方式仍然沿袭传统粗放的草原散养畜牧业，舍饲养殖、分群饲养、集约经营、订单销售等比较先进的生产经营方式尚未全面普及，畜牧业专业化、组织化、集约化水平低。尤其基础配套设施方面，牧区县与县之间极不平衡，如门源县牧业乡镇暖棚覆盖率达到80%以上，刚察县暖棚覆盖率则不到50%。

（三）资源循环利用水平不高

一方面，农作物秸秆和饲草料等未能加工利用到舍饲养殖业，秸秆利用率只有40%左右，而农牧区大量畜粪通过加工制造有机肥的更少，未形成有机的循环系统。据调查，全州四县仅有2家有机肥加工生产企业，且生产加工能力不足，加工的有机肥产品销售不畅。另一方面，由于缺乏龙头企业带动，专业合作组织对畜产品标准化加工能力弱，大部分企业只是以对肉、皮、毛、乳等原料进行简单的粗加工，对大量畜骨不能做收集加工利用，畜产品深度开发精深加工不够，产业链条短，产业化程度低，经济效益不高。

（四）畜牧业投入依然不足

由于地方经济发展水平不高，各级财政投入有限，群众自筹比较困难，投资渠道单一，畜牧业基础设施整体水平依然不高，畜用暖棚、羊用药浴池、饲草料基地及生产加工设施、机械剪毛机、饮水管道等配套设施还比较缺乏，难以满足畜牧业向高层次发展的要求，尤其当前在实施禁牧工程，大量天然草场超载牲畜核减后转为舍饲养殖，发展舍饲畜牧业，急需建设一大批畜用暖棚，投入不足制约着当前生态畜牧业的发展。

三、推进循环生态畜牧业发展的对策建议

（一）强化规划引导，以循环经济理念引领高原现代生态畜牧业向更高层次发展

相对于高原现代生态畜牧业，循环生态畜牧业的内涵更宽，层次更高。必须加强对循环生态畜牧业的专题研究，准确把握其内涵特征和发展要求，把发展循环生态畜牧业融入“十三五”发展规划，制定推动发展循环生态畜牧业的政策措施，突出循环经济理念，突出资源高效利用和循环利用这个核心要求，统筹安排节能机械、节水养殖、粪污处理等重点领域的规划，强化循环发展意识、绿色发展意识、可持续发展意识，切实把发展循环经济的思

路措施贯穿到发展现代畜牧业的各个领域和发展环节，求得新的突破与提升，促进发展思路的创新，努力走资源节约型、环境友好型的发展路子。

（二）依托园区建设，构建循环生态畜牧业发展产业体系

按照发展循环生态畜牧业的总体思路和产业框架布局，以科技试验示范园为龙头，加快建设县级循环经济产业园区。重点围绕牲畜规模化舍饲养殖、畜产品标准化生产加工、畜牧业科技成果转化推广，加快建设州级科技试验示范园、门源县畜产品生产加工工业园、祁连县农牧业产业园区、刚察县畜产品加工产业园、海晏高效畜牧业产业园区建设，突出园区基础设施配套建设、龙头企业技术创新和产业产品优化升级，抓好以牛羊肉为重点的畜产品精深加工和优质包装，打造海北畜产品知名品牌。各县要围绕开发牛羊肉、海北羔羊肉以及毛、乳、皮、骨等畜产品，优化投资环境，加大招商引资力度，吸引国内外企业集团进驻园区，组建大型的现代化的良种繁育、饲草料加工、牲畜屠宰、皮革制造、乳制品加工、骨胶生产等产业集团，建设形成产、加、销一条龙和贸、工、商一体化，有影响力、带动力的产业集群，着力打造完成产业园区建设工程。以 5 个园区为轴心，加快建设 17 个乡级特色产业基地。结合实施牲畜良种工程和畜牧业先进技术推广工程，在全州 17 个牧业乡建设具有海北畜牧业特色的藏系羊繁育基地、西宁大白毛生产基地、青海高原牦牛引进繁育基地、白藏羊种公羊繁育基地和细毛半细毛羊繁育养殖基地等，力争用两年时间，每个牧业乡都建成 1 个规模化集约化的舍饲半舍饲特色养殖繁育基地，形成“一乡一品”为格局的主导优势产业。以全州 17 个优畜繁育推广基地作辐射，加快建设 77 个村级规模养殖小区。依托各村专业合作组织，加快推进畜牧业集约化，通过“专业合作组织 + 村委 + 养殖大户”的形式，力争在“十三五”期间，全州牧业村都建有 1 处规模化舍饲养殖小区，标准化暖棚、饲草料基地、牲畜饮水、羊药浴池、机械剪毛机全部配套，50% 的养殖小区牲畜粪便实现有机肥加工转化和综合利用，消除环境污染，加快推进舍饲养殖工程，通过努力打造“产业园区 + 乡级特色产业基地 + 村级规模养殖小区”的产业格局，从而形成纵向成链、横向成网，独具海北特色的循环生态畜牧业产业体系。

（三）坚持生态优先，促进生态经济耦合共生、互促共赢

推进循环生态畜牧业发展，必须坚持生产生态有机结合、生态优先的基本方针，着眼草原生态科学保护、有序利用和良性循环，为畜牧业持续发展提供基础保障。一是继续加强草原生态治理。坚持立草为业，加快推进草原基础设施建设，深入实施草原生态保护和建设工程，进一步加强草原围栏棚圈和草地建设，加大退化草场的综合治理力度，实施好毒杂草灭治、鼠虫害

防治等草原生态治理项目工程，提高草地产出率。二是提高优质饲草料种植效益。按照“优质、提质、增效”为目标，大力发展饲草料产业，加强饲草料基地建设，农区要调整种植结构，扩大饲草种植面积，加快饲草料种植、加工、贮藏等体系建设。为养而种、以种促养，形成农区向牧区补草、牧区向农区补畜的牧繁农育互补格局。通过积极发展草业，提高饲草料保障支撑能力，实现“禁牧不禁养、减畜不减产”目标。三是全面落实草原生态奖补机制。通过对中度以上退化草地实施禁牧补助，严格落实禁牧管护措施和责任，实施禁牧封育措施；在禁牧区以外的天然草原实施草畜平衡奖励，采取休牧、轮牧，核定合理的载畜量，建立以草定畜、草畜平衡制度，实施草畜平衡管理。全州1180万亩中度以上退化草原全面实行禁牧，2398.8万亩草原实行草畜平衡，草原生态环境明显得到改善。2015年底，全州天然草场植被覆盖度比上年提高5%，天然草场可食牧草平均产量达262.7千克/亩。共发放补助资金8.40亿元，涉及牧户4.85万户、22.04万人，牧民户均收益3500元左右。力争使全州草原牧区实现以草定畜、草畜平衡，草原生态退化的趋势得到缓解，草原综合生产能力明显提高，生态功能得到恢复，农牧民生产生活水平逐步改善。

（四）综合利用资源，加快推进生态畜牧业循环高效发展

循环生态经济的主要特征是资源的高效利用和循环利用。结合海北州实际，在推进循环生态畜牧业发展的具体实践中，要着重抓好三个方面：一是加快推进畜牧业集约化发展。充分发挥各村专业合作组织作用，引导农牧民积极加入合作组织，加大土地、草场、牲畜、饲草料基地、棚圈设施、农牧机械等生产资料整合重组力度，跨区域集约经营，合理配置资源，有效提高生产要素、生产资料的利用率，大力推进股份制经营模式，完善经营分配机制，提高经营层次水平，促进农牧业规模化发展；二是加快推进畜牧业产业化发展。积极引导农牧业龙头企业和专业合作组织树立科学发展理念，因势利导，把发展的重点放在提高农牧业发展质量和有限资源的循环利用上，通过推动企业技术创新，促进产业产品优化升级，提高产业产品的层次和品位，拉长产业链条，促进资源的综合利用、深度开发和产业融合，拓展发展领域，放大资源循环利用效应；三是加快推进畜牧业生态化发展。生态化是世界现代农牧业发展的基本方向。要通过大力实施草产业工程，加快推广农作物秸秆微贮、饲草青贮等技术，提高饲草利用率，引导养殖户利用粮食作物秸秆来饲养牲畜，实现过腹增值。牲畜粪便综合利用，形成优良的有机肥用于粮食生产和饲草料种植，减少环境污染，变废为宝，在资源的综合利用中推动循环生态畜牧业发展。

（五）加大投资力度，改善发展循环生态畜牧业的装备条件

发展循环生态畜牧业，需要进一步加大畜牧业基础设施、饲草料产业、绿色农畜产品生产、环保设施、科技培训等方面的投入。要把海北作为全省发展高原循环生态畜牧业的主战场，积极争取省委、省政府在政策上予以倾斜，尤其在项目、资金、科技等方面给予大力支持。要把发展循环生态畜牧业作为各级政府投资的重点领域，以重大项目为龙头，根据资源的转换关系、物流方向，以增强畜牧业资源、畜产品、废弃物之间的互补性和衔接性为重点，对产业链上选择纵向能够推动产业升级，横向能够支撑产业发展骨架的一些重大节点项目，通过国债投资或财政补助、贷款贴息的办法给予扶持。同时要发挥好政府投资的导向作用，引导各类金融机构通过制定相关的优惠政策，撬动民间资本对有利于促进循环生态畜牧业发展的领域和重点项目进行投资。通过加大对重点领域、产业关键环节方面的投入建设，以良好的投资效益逐步形成支撑循环生态畜牧业发展的重要骨架。

（六）依靠科技进步，增强循环生态畜牧业发展的科技支撑

科技是提高畜牧业综合效益的关键，更是推动循环生态畜牧业发展的有力支撑。要加快建设高原现代生态畜牧业科技试验示范园，年内全面完成建设任务，为畜牧业科技创新和成果转化搭建平台，为示范点建设提供科技支撑。积极做好示范园科技研发和成果孵化工作，发挥辐射带动功能。大力实施畜牧业“科技入户”工程，发挥科技特派员的作用，加强先进实用技术的培训和推广应用，着力在饲草料加工及科学配方、青饲草青贮利用、作物秸秆草氨化处理、暖棚养羊、围栏轮牧、退化草地治理、鼠虫害防治、毒杂草灭治、疫病防治、白藏羊本品种选育、野血牦牛杂交改良、细毛羊半细毛羊人工授精以及羔羊早期强度育肥、牲畜日粮补饲技术等方面实现新突破，提高畜牧业生产经营水平。要重点实施好牲畜良种工程，立足本地优势品种，加大本品种选育、引进和推广力度，尤其要精心组织实施好全州藏羊“两年三胎”繁殖和牦牛犊牛早期断奶养殖技术工程，提高优良牲畜的繁殖率，增强科技对推动循环生态畜牧业发展的支撑作用。

参考文献

[1] 王晓力，周学辉 . 现代畜牧业高效养殖技术 [M]. 兰州：甘肃科学技术出版社，2016.

[2] 马海霞，李慧玲，杨睿 . 新疆生态农业产业化发展研究 [M]. 北京：中国经济出版社，2010.

[3] 申小云 . 中国西南喀斯特山区草地生态畜牧业研究 [M]. 兰州：兰州大学出版社，2011.

[4] 蒋树威 . 生态畜牧业的理论与实践 [M]. 北京：中国农业出版社，1995.

[5] 胡荣桂 . 环境生态学 [M]. 武汉：华中科技大学出版社，2012.

[6] 蔡晓明 . 生态系统生态学 [M]. 北京：科学出版社，2000.

[7] 刘向东 . 昆虫生态及预测预报第 4 版 [M]. 北京：中国农业出版社，2016.

[8] 王清义，汪植三，王占彬 . 中国现代畜牧业生态学 [M]. 北京：中国农业出版社，2008.

[9] 翁伯琦，王义祥，黄毅斌 . 基于循环经济理论的区域现代农业研究战略与对策 [M]. 厦门：厦门大学出版社，2010.

[10] 朱国奉，何正东，薛毫祥 . 现代畜牧业资源循环利用的途径及特点——以泰州市为例 [J]. 经济研究导刊，2016（12）：163-165.

[11] 郑卫欣 . 山东省现代畜牧业生态化循环发展路径研究 [J]. 农业经济，2015（9）：25-27.

[12] 陈杰 . 四川现代畜牧业试点对畜牧业循环经济发展的启示 [J]. 经济研究导刊，2014（7）：252-253.

[13] 李廷军 . 海北州发展循环生态畜牧业的几点思考 [J]. 甘肃畜牧兽医，2016（17）：19-21.

[14] 仇泽凯 . 畜产品质量安全问题探讨 [J]. 北京农业，2012（03）：100.

[15] 徐雪高，陈洁，李靖 . 中国畜牧业发展的历程与特征 [J]. 中国畜牧杂志，2011（20）：14-17.

[16] 王思再，李亚力，李刚 . 加快现代畜牧业建设的对策思考——以黑龙江

省为例 [J]. 中国畜牧杂志，2011（12）：22-24.
[17] 刘戈 . 区域土地生态经济系统协调发展理论与实践研究 [D]. 天津：天津大学，2009.
[18] 李双元 . 高原牧区生态畜牧业合作社绩效评价——基于青海牧区 55 家合作社的数据 [J]. 西南民族大学学报（人文社科版），2015（8）：152-157.
[19] 毛玉胜 . 对生态畜牧业技术应用的思考 [J]. 家畜生态，1997（4）：3-5.
[20] 史照林 . 我国畜牧业的变动趋势与持续发展展望 [J]. 农业技术经济，1998（2）：56-61.
[21] 闵令江 . 动物产业可持续发展及其发展战略 [J]. 黑龙江畜牧兽医，1998（5）：34-35.
[22] 高尚宾 . 大力发展生态农业 . 促进我国农业可持续发展 [J]. 生态农业研究，2001（2）：11-14.
[23] 周元军 . 庭院生态养猪新技术 [J]. 家畜生态，2002（3）：50-53.
[24] 李香兰 . 内蒙古生态畜牧业发展对策初探 [J]. 理论研究，2002（3）：14-16.
[25] 张耀辉 . 农业生态系统能值分析方法 . 中国农业生态学报，2004（3）：181-183.
[26] 杨志坚 . 种养结合型农业生产结构调整的实证分析 . 贵州农业科学，2008（1）：147-148.
[27] 葛鹏飞，吕萍，杨洵 . 产业链视角下牧户参与合作经济组织意愿的实证研究：基于对 4 省牧区牧户的问卷调查 . 草业科学，2015（12）：2146-2154.
[28] 泽让东科，文勇立，艾鷖，赵洪文，陈有军 . 放牧对青藏高原高寒草地土壤和生物量的影响 . 草业科学，2016（10）：1975-1980.
[29] 张超舞 . 化隆县畜牧业生产现状及发展对策 [J]. 现代农业科技，2008（7）：190.
[30] 简玲 . 浅谈化隆县农区畜牧业现状及发展思路 [J]. 草业与畜牧，2009（3）：51-53.